# 痴漢とはなにか

被害と冤罪をめぐる社会学

牧野雅子



etc.books

痴漢とはなにか　被害と冤罪をめぐる社会学　目次

## 3. 痴漢冤罪と女性専用車両　159

# 痴漢とはなにか

## 被害と冤罪をめぐる社会学

# はじめに

## 問題にされない痴漢被害

痴漢について発言するには困難を伴う。特に、男性相手には。被害に遭った話をすれば、その真偽が疑われる。日常の、自分もいるその空間で、性被害が起きていることが見えないらしい。服装や言動に問題があったのではないかと、被害者の落ち度が問われることもある。逃げれば良かった、抵抗すべきだった、声をあげるべきだったと、被害者の振る舞いが問題であると言われもする。聞き手の性的な好奇心が透けて見えることもある。

わたしたちが普段テレビや新聞等で目にする痴漢事件のニュースは、数多起こっている事件の、ごく一部にすぎない。警察官や教員等、加害者の職業が問題になるようなことがない限り、事件が報道されることは、まず、ない。電車内や駅で「捕まった」ように見えても、実際には厳重注意で済まされたり、在宅事件として扱われることも多く、現行犯逮捕されても、再犯者や悪質なものを除いて、長期の勾留はされない傾向にある。多くの痴漢事件はいわゆる「裁判」にはならず、報道もされず、わたしたちの目に触れることはない。

痴漢被害に遭っても、誰かに相談することはまれである。公的機関に通報することは更にまれである。加害者が確保されて、事件として捜査され、それが報道されて、わたしたちに「見える」ようになるのは、極めてまれなことである。

反面、痴漢冤罪は大きな問題になる。痴漢に限らず、冤罪は国家による基本的人権の重大な侵害であり、あってはならないことである。大きく報道されねばならないのは当然だ。そうして日常的に起こっている被害は表沙汰になることは珍しい一方で、冤罪は大きな問題として取り上げられることになる。

インターネットの検索エンジンで「痴漢」と入力すれば、被害や被害者支援に関わる情報ではなく、痴漢を性的娯楽として扱う情報が目に飛び込み、痴漢事件に強いと謳《うた》う弁護士事務所の広告や、冤罪問題を扱ったサイトが上位でヒットする。出版物を見ても、とりわけ二〇〇〇年以降は、痴漢冤罪をテーマにした雑誌記事や本が多く出され、その数は、痴漢被害に言及したものをはるかに超える。目にする情報量の多さからも、痴漢は、被害の問題ではなく、冤罪の問題であるかのような様相を呈している。

## 「痴漢」の定義とは

ところで、「痴漢」とは何だろうか。「痴漢は犯罪です」とは、駅でよく見る警察の痴漢防止ポスターのコピーである。痴漢を取り締まる警察は、痴漢をどのように定義しているのだろうか。

二〇一八年四月に削除された兵庫県警察本部のホームページには、「女性の安全～痴漢にあわないために」と題されたページがあった。そこには、外出時だけでなく、自宅の戸締まりや来訪者への警戒といった注意が促されており、自室に侵入されて性被害に遭うケースも痴漢被害として想定されていた。警察が市民向けに防犯上のアドバイスを記した小冊子を見ても、痴漢の型として「婦女暴行」をあげているものがあり[1]、被害が軽いものが痴漢だと定義されているのではないらしい。

二〇一〇年に静岡県警御殿場警察署が、防犯対策を市民に教えるために作成した「あるちかんのひとり言」という小冊子は、公然わいせつ犯の手口を紹介したもので、「俺は、女性にエッチなことをして喜ぶ男！　いわゆる　ち・か・ん　だよ」と始まっている。[2]痴漢は身体に接触する行為のみをいうのではなく、公然わいせつ行為を指すこともあり、加害者を指すこともある。

痴漢行為は主に、各都道府県の迷惑防止条例によって取り締まられるが、その条文中に「痴漢」の文言が入っている条例は一つもない。唯一、「新潟県迷惑行為等防止条例」は、条文には「痴漢」の文言はないものの、第二条の見出しに「痴漢行為等の禁止」とあり、その条文は次の通りである。

（痴漢行為等の禁止）

第二条　何人も、道路、公園、広場、駅、空港、ふ頭、興行場、飲食店その他の公衆が出入りすることができる場所（以下「公共の場所」という。）又は汽車、電車、乗合自動車、船舶、航空機その他の公衆が利用することができる乗物（以下「公共の乗物」という。）にいる人に対して、正当な理由がないのに、不安を覚えさせ、又は羞恥させるような行為であって、次に掲げるものをしてはならない。

（一）衣服等の上から、又は直接身体に触れる行為で卑わいなもの。

（二）人が通常衣服等で隠している下着又は身体をのぞき見し、又は無断で撮影すること。ただし、第三項に該当するものを除く。

（三）前二号に掲げるもののほか、卑わいな言動をすること。ただし、第四項に該当するものを除く。

二　何人も、集会所、事務所、教室、タクシーその他の特定かつ多数の者が利用するような場所又は乗物にいる人に対して、正当な理由がないのに、不安を覚えさせ、又は羞恥させるような行為であって、前項第二号に掲げるものをしてはならない。

三　何人も、住居、浴場、更衣室、便所その他人が通常衣服の全部又は一部を着けない状態でいるような場所にいる人に対して、正当な理由がないのに、不安を覚えさせ、又は羞恥させるような行為であって、第一項第二号本文に規定するものをしてはならない。

四　何人も、正当な理由がないのに、前三項の場所又は乗物を使用する人の通常衣服等で隠している下着又は身体を無断で撮影する目的で、写真機、ビデオカメラその他これらに類する機器を向け、又は設置してはならない。

第一項第一号の、「衣服等の上から、又は直接身体に触れる行為で卑わいなもの」が、条例が定める痴漢行為ということだ。

現在、「痴漢」ときいて一般に連想されるのは、電車の中の性被害であろう。一九九六年に電車の中の痴漢を取り締まるために結成された兵庫県警鉄道警察隊の専門チーム「ブルー・アロー」の説明には、「痴漢の明確な定義はありませんが、一般的に痴漢とは女性にみだらな悪戯をする行為を言います」[3]とある。

「痴漢に遭う」「痴漢を追いかける」のように加害行為と人物の双方に使われる。また、電車内で体を触られる行為も痴漢ならば、夜道で襲われることも痴漢と呼ぶ。時に、広く性暴力一般を表す語としても用いられ、強姦すら痴漢と呼ばれた一方で、「たかが痴漢」のようにも用いられる。こうした、呼称の曖昧さが、痴漢という被害がどのように扱われているかを示しているともいえる。[4]「痴漢」とは、罪名でも、手口の名前でもない、いわば俗称なのである。

痴漢は、日本特有のものであると言われることがある。[5]しかし、公共交通機関内での性的被害は、日本以外でも起こっており、[6]日本に限ったことではない。なのに、なぜ、痴漢が日本に特有の現象だと考えられているのだろうか。それは、諸外国のように、電車の中で起こった性的被害として、痴漢がみなされていないからではないだろうか。

## 「痴漢は犯罪です」が表すこと

きわめて身近な性暴力である「痴漢」。多くの女性が被害に遭い、毎年、公的機関による被害防止キャンペーンが行われ、多くの男性が痴漢冤罪に怯えているらしいというのに、これまで、「痴漢」が研究対象となることはあまりなかった。性暴力犯罪の中でも、電車内痴漢事犯は、着衣の上から触れる行為が主であり、他の犯行形態に比べて、その被害は軽微であると考えられがちである。また、満員電車という環境の問題にされることが多く、他の形態の性暴力犯罪に比べて、仕方のないものとして扱われがちでもある。だからといって、その被害を軽視してよいものではない。軽微な犯罪と思われがちな痴漢ではあっても、それにまつわる問題は単純なものではない。女性専用車両は根本的な解決にはなっておらず、女性専用車両の存在が男性差別だという主張や、女性専用車両に無理やり乗り込む男性たちの動きもある。

本書は、痴漢、特に電車の中で被害に遭う痴漢について、これまで何が起こり何が語られてきたのかを整理し、記述したものである。メディアでは、痴漢被害をいかに防ぐか、痴漢冤罪に巻き込まれないためにはどうしたらいいのか、女性専用車両は男性差別ではないのかといったことが問題にされているが、対策を講じるためには、これまでに何が起こり、何が語られてきたのかという前提を共有する必要がある。

女性専用車両がなかった頃に都市部で電車通勤・通学を経験した女性と、物心ついたころには女性専用車両があったという若い男性では、見えているものはおそらく違う。痴漢被害を訴えても証拠がないからと駅員室や警察で邪険に扱われた経験を持つ女性と、「この人痴漢！」と女性に叫ばれたら最後だと煽るメディアに日頃から触れている男性では、経験している世界は違う。痴漢と聞いて、鞄が触れたのを痴漢だと間違う程度のものをイメージする人と、満員電車で身動きがとれずいわば拘束された状態でのレイプだと感じる人とでは、話はかみ合わない。そして、典型例のように語られる被害者像――若い女性――から外れた人の声のあげづらさ。性別、年齢、職業にかかわりなく、被害に遭う。同じ被害者の中でも、感情や体験が共有されるとも限らない。

本書の構成について述べておく。第一部では、まず、痴漢がどの程度公的機関に把握されているのか、警察統計を読み解いていく。痴漢は、事件として扱われる場合、都道府県の迷惑防止条例や強制わいせつ罪が適用されるが、条例と刑法とでは、統計上の扱われ方が違う。条例は自治体によって異なり、統計の取り方や公表のされ方が異なることから、痴漢について全国統一の詳細な統計数値を得ることは困難である。そこで、警察の把握件数の多い東京や大阪を中心に、被害の傾向や、変化についての分析を行う。犯罪としては立件されていないものの、警察が相談を受けたデータも検討の対象とする。

次に、痴漢事件はどのように捜査されるのか、特に、加害者の取調べ内容について、捜査参考書をもとに考える。また、痴漢事件の多くは、迷惑防止条例で検挙される。この条例は、どのように制定され、運用されているのか、痴漢をどのような行為だとして禁止しているのか、誰を、何を守る条例なのか。条例の立案に関する資料や、取締りに関する資料等から考える。

第二部は、戦後の雑誌や新聞記事から、痴漢はどのように語られてきたのかを、その時々の出来事を参照しつつ整理する。主に、女性誌では被害者の視点から、男性誌では性的行為という点から痴漢を扱っており、対象読者の違いにも注目する。

第三部では、痴漢冤罪問題と女性専用車両の問題を取り上げる。痴漢冤罪が社会問題となったのは、二〇〇〇年頃からだが、それ以前にも、小説や歌の中で、今で言う痴漢冤罪は扱われていた。痴漢冤罪が社会問題となる以前と以後とでは、痴漢の描かれ方はどのように変わったのだろうか。

第二、第三部では、痴漢に言及した雑誌新聞記事を中心にした言説分析を行っている。新聞記事では、『朝日新聞』『毎日新聞』『読売新聞』の三紙について、新聞記事検索データベースの「聞蔵Ⅱビジュアル」「毎索」「ヨミダス歴史館」を用いて、「痴漢」「女性専用車両」「いたずら」等のワードで記事検索を行い、約一万三〇〇〇件の記事を抽出し、その中から電車内痴漢に言及した記事を分析対象とした。雑誌記事については、『大宅壮一文庫雑誌記事索引総目録』から「痴漢」の項目に掲載された記事三五七件に加え、大宅壮一文庫雑誌記事索引検索データベース「Ｗｅｂ ＯＹＡ-ｂｕｎｋｏ（大宅壮一文庫雑誌記事索引検索Ｗｅｂ版）」を用いて「痴漢」「女性専用車両」等のワードで検索を行い、約一八〇〇件の記事から、風俗情報やＡＶの紹介記事を除いて、電車内痴漢に関連したものを分析対象とした。痴漢や痴漢冤罪を扱った論文や単行本も参照している。

雑誌や新聞に書かれていることが事実であるとは限らないし、その媒体の読者が同じように考えているとも限らない。ＳＮＳで個人の意見を発信することが一般的な時代に、社会意識を知るために、雑誌や新聞のページをめくる意味は小さくなっているという見方もあるだろう。しかし、インターネットで無料の記事が読める時代だからこそ、活字メディアで書かれたことの位置づけに注目したい。コストを払うだけの責任、多くの人が関わって掲載される記事の信頼性。たとえそれが、読者の興味を煽るための、事実を装った創作物であったとしても、そのようなものが出版され、読まれていたということは事実である。

なお、先に述べたように痴漢被害者は女性ばかりではない。しかし、被害者の多くは女性であることと、痴漢をめぐる議論が被害者は女性であることが前提になされていることから、本書でも女性被害者の問題を中心に論を進める。

「痴漢は犯罪です」という痴漢防止ポスターのコピーは、女性たちの現実に公的機関の認識が近づいたと評価された。[7] その一方で、あらためて「痴漢は犯罪です」と言わねばならないほど、それまで痴漢が犯罪だとは見られていなかったことを示してもいる。「痴漢は犯罪です」――それはいつからなのか。どのようにしてなのか。そして、本当にそうなのだろうか。

1　浜松中央警察署・浜松中央地区防犯協会連合会編「防犯指導の手引」１９８２　浜松中央警察署　11頁

2　御殿場警察署生活安全課編「あるちかんのひとり言」２０１０　御殿場警察署　1頁

3　『旭影』兵庫県警察本部教養課編　１９９７.４　41頁

4　一般的な「痴漢」の定義やその変容については、藤田久美子「なぜ痴漢はなくならないのか――痴漢を許容する社会メカニズム徹底解剖――」（おうてもんジェンダーフリースタイル発信所　２００３）や、岩井茂樹「『痴漢』の文化史――『痴漢』から『チカン』へ――」（『日本研究』２０１４　49）を参照。ただし、岩井論文には、事実関係について誤りがある。岩井は、痴漢についての社会の認識が１９９５年から変わったとし、「この背景には、同年2月に『被害者対策要綱』が策定され、全国の警察が犯罪撲滅に対し、組織を挙げて取り組み始めた、という事実がある」（１７４頁）と、そのきっかけを警察の被害者対策要綱の制定に求めるが、被害者対策要綱が制定されたのは１９９６年であり、基本的な事実認識が誤っている。加えて、当時の痴漢認識や警察を動かした女性運動が無視されており、背景の説明にも問題がある。また、痴漢行為は刑法の強制わいせつ罪か迷惑防止条例によって取り締まられるとし、「この違いは行為の程度の差でしかない」（１５８頁）と述べるが、第1部第3章で取り上げるように、強制わいせつ罪と迷惑防止条例は、その保護法益や要件が異なっており、被害の軽重の差だけの問題ではない。

5　「世紀末男女Ｃｏｌｌ．第30講　痴漢　ＵＮＦＯＲＧＩＶＥＮ～許されざる者～　大都会のスリルとサスペンス！　なぜ男は犯罪愛に走ったか!?」『週刊朝日』１９９３．４．23　54頁、来栖秀明「なぜ『車内痴漢』は日本だけにしかいないのか」『プレジデント』２００２．９．16

6　Beller. A., Garelik. S. and Cooper. S., 1980. "Sex crimes in the subway." *Criminology* 18（1）、Chui. W. H., Ong R., 2008. "Indecent assault on the public transport in Hong Kong." *International Journal of Law, Crime and Justice* 36（1）、遠山日出也「中国の公共交通機関における性暴力反対運動と女性専用車両――香港・台湾・日本との初歩的比較も――」『女性学年報』２０１８　39、「ロンドン地下鉄は痴漢の温床？　イギリス公共交通機関の終日運行を前に急がれる性的被害の対策」『ニューズウィーク日本版』２０１５．12．15等。

7　上野千鶴子は、『現代思想』の特集「ハラスメント社会」の対談で、「東京都の地下鉄に登場した『痴漢は犯罪です』っていうポスターは、感動的でしたね」と、述べている（「セクハラ、25年目の絶望と希望」『現代思想』２０１３　41（15）31頁）。

# I.

# 事件としての痴漢

## 1　痴漢事件はどのくらい起こっているのか

### 統計に見る痴漢事件

痴漢事件、とりわけ電車の中で起きた痴漢事件の件数を知ることは容易ではない。性暴力事件は、警察に届けられていない被害件数（暗数）が多いと言われる。痴漢防止に係る研究会（警察庁）が二〇一〇年に実施したインターネット調査によると、大都市圏に居住し通勤・通学に電車を利用する女性で過去一年以内に痴漢被害に遭った人の八九・一％が、警察に通報・相談していないと答えている。[1] 一九九五年に大阪府警鉄道警察隊が実施した調査では、痴漢被害に遭って警察に被害届が出されたのは一％程度だったという。[2] 加えて、痴漢事件には暗数の問題だけでなく、犯罪統計上の問題もあるのだ。

現在、警察が公表している犯罪統計上、「痴漢」とみなされるのは、迷惑防止条例違反の痴漢事犯に該当する行為と、強制わいせつ事件のうち発生場所が電車内のものである。警察が困り事相談や事件として把握する「痴漢」は被害者の体に接触するものばかりではなく、いわゆる露出狂（公然わいせつ）やスカート切り（器物損壊、怪我をした場合には傷害）、体液をかけること（器

（図1）痴漢事犯の検挙状況等の推移（平成25～29年）（『平成30年版警察白書』）

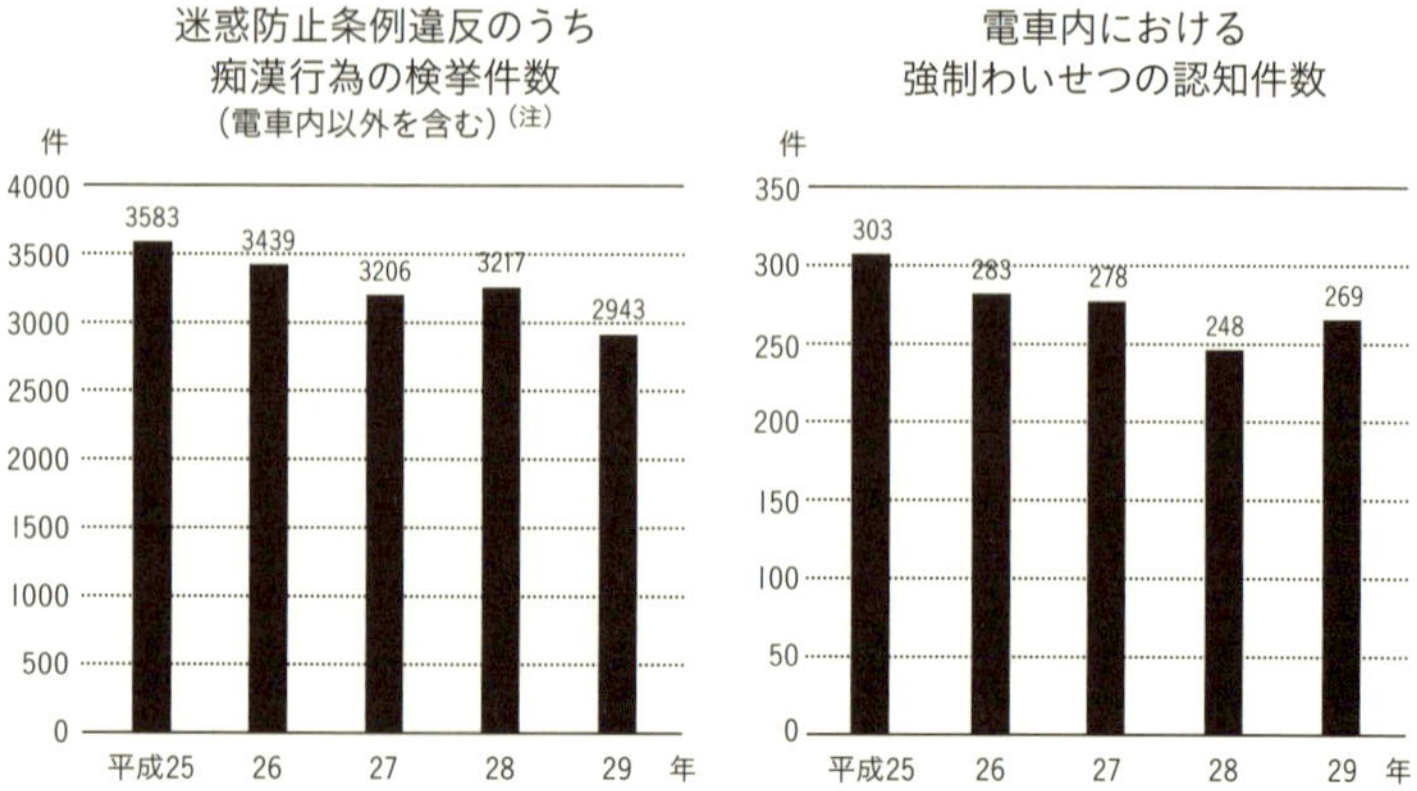


（注）いわゆる迷惑防止条例における、卑わいな行為等を禁止する規定に係る検挙件数及び検挙人員は、「痴漢」、「のぞき見」、「下着等の撮影」、「透視によるのぞき見」、「透視による撮影」、「通常衣服を着けない場所における盗撮」及び「（その他）卑猥な言動」の区分により各都道府県警察に報告を求めているが、このうち「痴漢」として報告を受け、集計した数値を示したもの。

物損壊）も含まれるが、統計上は、痴漢事件とはみなされていない。

『平成三〇年版　警察白書』に掲載されている「痴漢事犯の検挙状況等の推移」[3]（図1）を見ると、二〇一七年（平成二九年）の迷惑防止条例違反の痴漢事犯（電車内以外を含む）は二九四三件、電車内における強制わいせつ事犯は二六九件であり、それを合わせると、痴漢事件は二〇一七年中に三二一二件起こったと読める。

一年間の痴漢件数三二一二件とは、全国で、一日あたりの発生が、一〇件に満たないという数値である。ここでいう「痴漢」は、電車内で起きたものに限らない。同年中の強制性交等の認知件数は一一〇九件、強制わいせつ認知件数（電車内で発生したものを含む）は五八〇九件である。警察が発表する痴漢事件件数は、一年間に起きた強制わいせつ認知件数よりはるかに少ない。

他の罪種と比較してみると、同年の自動車（自転車、ではない！）の盗難被害に遭ったとして警察に被害届が出された件数（自動車盗認知件数）は、一万二一三件であり、痴漢事件の三倍以上である。周りを見渡して、自動車を盗まれたという人がどれくらいいるだろうか。それよりも、痴漢被害に遭う件数の方がずっと少ないというのだ。こうした統計数値から見れば、痴漢事件は、巷で言われるよりも少ないといってもよいように思える。これは一体どういうことなのだろうか。

## 犯罪統計が意味するもの

ここで、基本的な犯罪統計数値の見方を整理しておきたい。犯罪統計には、とりわけ警察が公表している統計には、独自の「用語」が存在する。たとえば、認知件数、検挙件数がそれである。一見、認知件数とは警察が認知、つまり、警察が「知った」事件数のことのように見え、何らかの犯罪被害に遭い、警察に連絡をした件数が認知件数として計上されていると考えられがちである。

犯罪統計上、認知とは「犯罪について、被害の届出若しくは告訴・告発を受理し、犯罪捜査規範（昭和三二年国家公安委員会規則第二号）第六九条第一項若しくは第七八条第一項による事件の移送を受け、又はその他の端緒によりその発生を確認すること」（犯罪統計細則第二条第四号）をいう。認知件数とは、具体的には、犯罪として被害届等が受理された件数をいい、単に警察に被害を話したとか、相談に行った、一一〇番通報をしたという件数ではないのである。ましてや、発生件数ではない。したがって、警察が痴漢被害を知ったとしても、被害届や、それに準じた書類が作成されなければ、それは「認知」したことにはならない。

被害に遭ったと痴漢被害を警察に届け出ても、事件としてではなく「相談事」として処理されると、犯罪統計からこぼれ落ちる。以前、筆者が当事者の方から伺った話がある。電車の中で痴漢被害に遭い、鉄道警察隊に行き、被害に遭った状況を説明した。名前や連絡先等を聞かれ、対応にあたった警察官が何か記録していたこともあり、本人は、それで被害届を提出したのだと思っていた。何かあったら連絡します、というような話でもあったのだろう、警察からその後何も連絡がなかったので、自分から、あの件はどうなりましたかと聞いたら、全く要領を得なかったのだそうだ。より詳しく聞いてみたら、被害届は作成されていなかった。自分は犯罪被害として届け出たつもりだったが、警察は、困り事相談として扱ったのだった。鉄道警察隊に行ったときには、そういう説明すら受けていなかったらしい。後になってそのことがわかり、本人は憤慨した。「痴漢は犯罪です」と、駅や電車に貼ってあるポスターには書かれている。そう思って届け出たつもりであった、でも、そうじゃなかった、警察は犯罪として扱ってくれなかった、と。この例からもわかるように、痴漢被害に遭って警察に行ったからといっても、すべてが犯罪として扱われ、「犯罪」統計に反映されているわけではないのだ。痴漢行為が犯罪であることと、個々の痴漢事案が犯罪として扱われることは同じではないのである。

また、警察統計で「認知件数」としてカウントされるのは刑法犯に限られる。先ほど確認したように、痴漢事件には、刑法の強制わいせつ罪か都道府県の迷惑防止条例が適用され、強制わいせつ事件として扱われたものに関しては、刑法犯認知件数として、警察に届けられた件数が計上されるが、迷惑防止条例違反の事件件数として計上されているのは、「検挙件数」のみである。[4]検挙とは、「犯罪について被疑者を特定し、送致・送付又は微罪処分に必要な捜査を遂げること」をいう（犯罪統計細則第二条第五号）。したがって、被害届は出されたが犯人は判明しなかった、あるいは、被害に遭ったことは警察も把握しているが、証拠がないとか被害者が処罰を望まなかったケース等、立件されなかった件数は、数値として表れないのだ。そのうえ、被害届が受理されている以上、相談件数にも反映されない。

二〇一七年中に大阪府警が把握した、電車内で起きた条例違反に該当する痴漢事件三七六件のうち、検挙されたものは一一七件である。被疑者が判明しなかったものは一五五件であった。[5]加えて、指導・警告措置、すなわち、検挙には至らなかったものが一〇四件ある。大阪府警に届けられた電車内で起きた条例違反に該当する痴漢事件の三分の二以上が、犯罪統計には反映されていない。つまり、かなりの痴漢事件の被害届出数は、犯罪統計には反映されていないということになる。

痴漢被害が多すぎるという女性たちの経験上の認識に反して、痴漢事件に関する公的なデータである犯罪統計上の件数が少ないのは、こうした犯罪統計の事情にもよっている。

## 迷惑防止条例違反としての痴漢

先に見たように、痴漢事件の多くは、迷惑防止条例違反として検挙されている。現在、迷惑防止条例は、すべての都道府県で制定・運用されており、そのすべてに、「痴漢」行為を禁止する条項がある。たとえば、大阪市内の鉄道施設に掲出されている、大阪府警鉄道警察隊が作成した、「チカン追放」ポスターには、「大阪府迷惑防止条例より」として、高札を模して、江戸時代のお触れよろしく、禁止事項や罰則が記載されている（七四頁のコラム参照）。このポスターからも、電車内での痴漢行為には主に迷惑防止条例が適用されていることがわかる。

『平成三〇年版　警察白書』によれば、二〇一七年の迷惑防止条例違反の行為別検挙件数のうち、痴漢に該当する行為で検挙されたものは一九頁で述べたように二九四三件である。

（図2）迷惑防止条例違反検挙件数

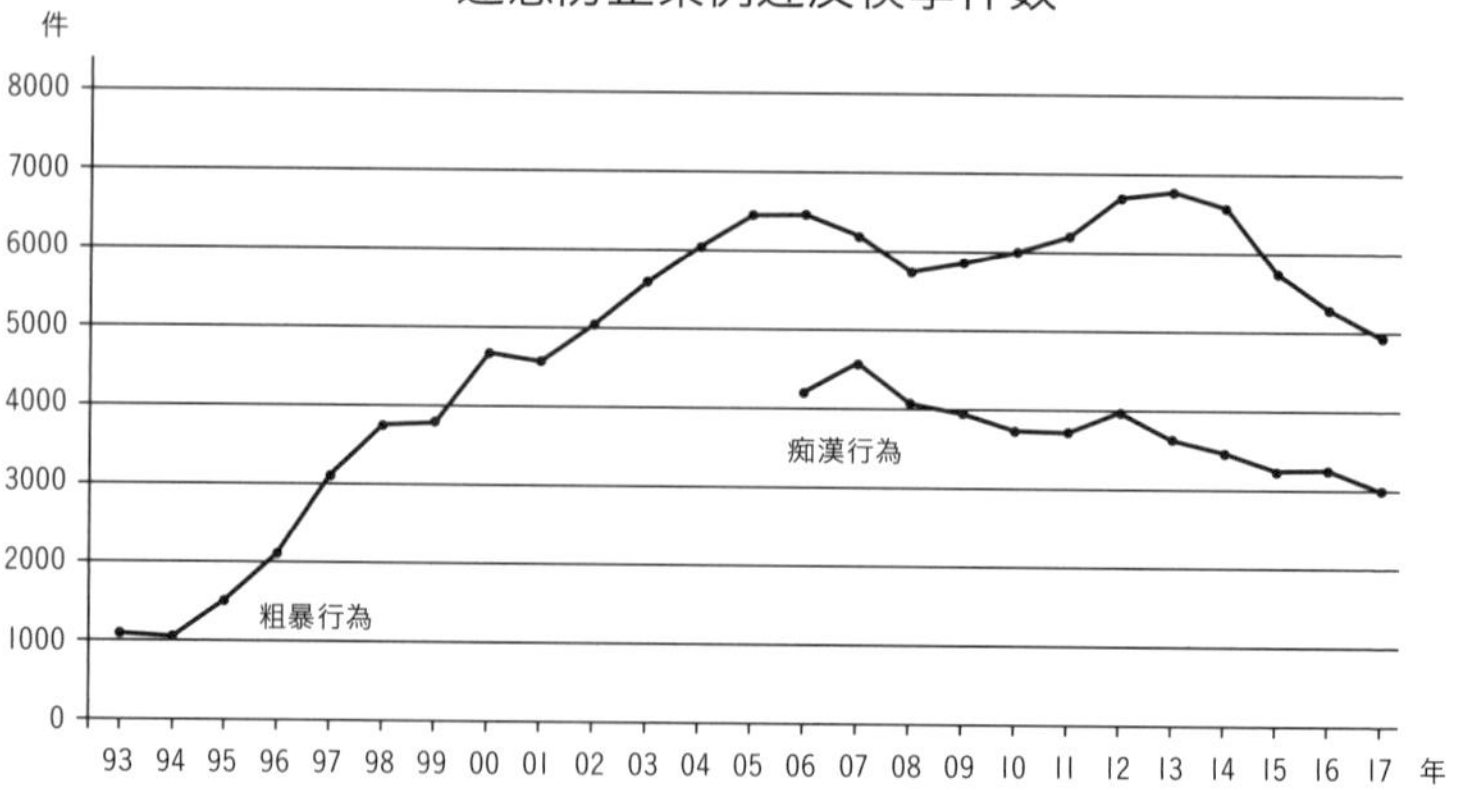

図2のグラフからわかるように、痴漢行為で検挙された件数は、二〇〇六年以降、二〇〇七年の四五一五件をピークに、この一〇年で約三五％減少している。この痴漢検挙件数は、電車内で発生したものだけでなく、道路上やショッピングセンター、映画館等で発生した事件も含まれた件数である。

東京都を管轄する警視庁の統計によれば、二〇一七年に検挙された条例違反のうち、痴漢行為に該当するものは、一〇一四件で、全国の条例違反による痴漢事件検挙数の実に三分の一以上が、警視庁管内すなわち東京都で検挙されたものだということになる。[6] 東京都の条例違反痴漢事件検挙件数を見てみると、現在はピーク時の半分以下に減少している（図3）。警視庁が検挙した事件の大きな特徴は、全痴漢件数のうち、電車内で起きたものの割合が非常に高いことである。二〇一七年の痴漢検挙件数一〇一四件の

（図3）警視庁条例違反（卑わい行為）検挙件数

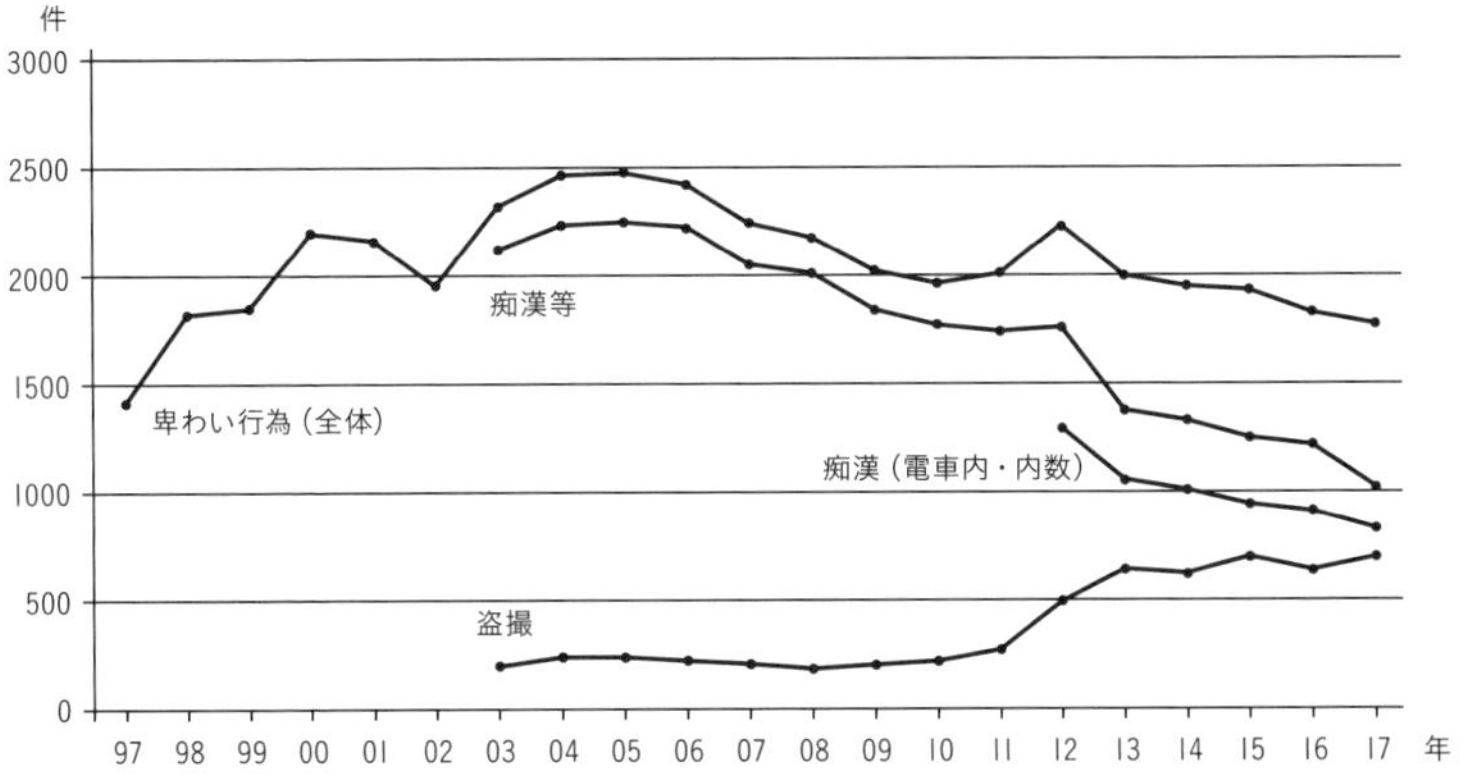

（図4）2017年 条例違反（痴漢）検挙件数（被害場所別）

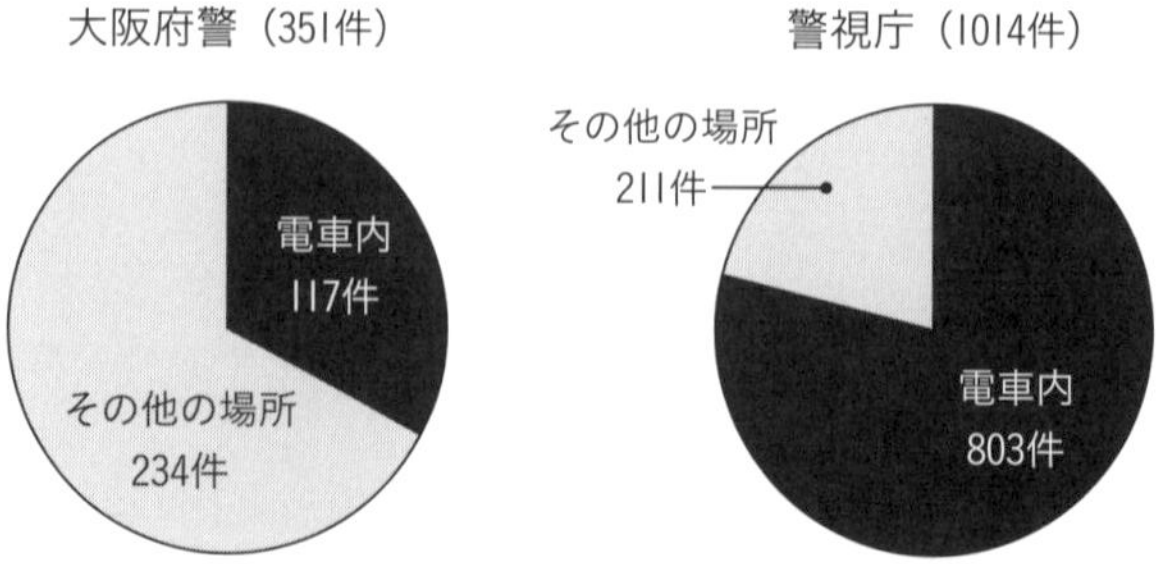


七九％を占める八〇三件が電車内で発生したものであった。

大阪府警による痴漢検挙件数を見てみると、二〇一七年の迷惑防止条例（痴漢）検挙件数は、三五一件、そのうち電車内で発生したものは一一七件と、全痴漢検挙総数の三三％である。[7] 痴漢検挙件数全体の数もさることながら、電車内痴漢事件の件数、割合も、東京と大阪ではずいぶん違う（図4）。

## 強制わいせつとしての痴漢

痴漢行為のうち、着衣の上から触れるのではなく、下着の中に手を入れるといったより悪質性が高いケースには、刑法の強制わいせつ罪が適用される。この認知件数（被害届出数）を見ると、電車内で発生した強制わいせつ事件は二〇〇一年の五三二件をピークに減少しており、二〇一七年は二六九件と半減している（図5）。ただし、強制わいせつ事件の認知件数全体に大きな変動があり、電車内の痴漢事件に限って減少しているわけではない。

地域別に見ると、二〇一七年の刑法犯認知件数の内、電車内で発生したものとして計上されている全国の強制わいせつ認知件数二六九件の四二%にあたる一一四件が警視庁管内で届出があったもので、大阪は一二%の三二件である。また、東京・神奈川・千葉・埼玉の四都県で、全国の電車内で発生した強制わいせつ事件の六割以上を占めている。[8] この認知件数からは、電車内痴漢事件のうち、下着の中に手を入れるなど、特に被害の重いケースは、東京を中心とする首都圏に多いといえる。

　犯罪統計上、二〇一七年に電車内の痴漢事件として把握された件数は、東京では、九一七件(条例違反検挙件数八〇三件、強制わいせつ認知件数一一四件)、大阪では、一四九件(条例違反検挙件数一一七件、強制わいせつ認知件数三二件)。いずれも条例違反で検挙された事件が大半を占める。

(図5) 駅、電車内での強制わいせつ認知件数

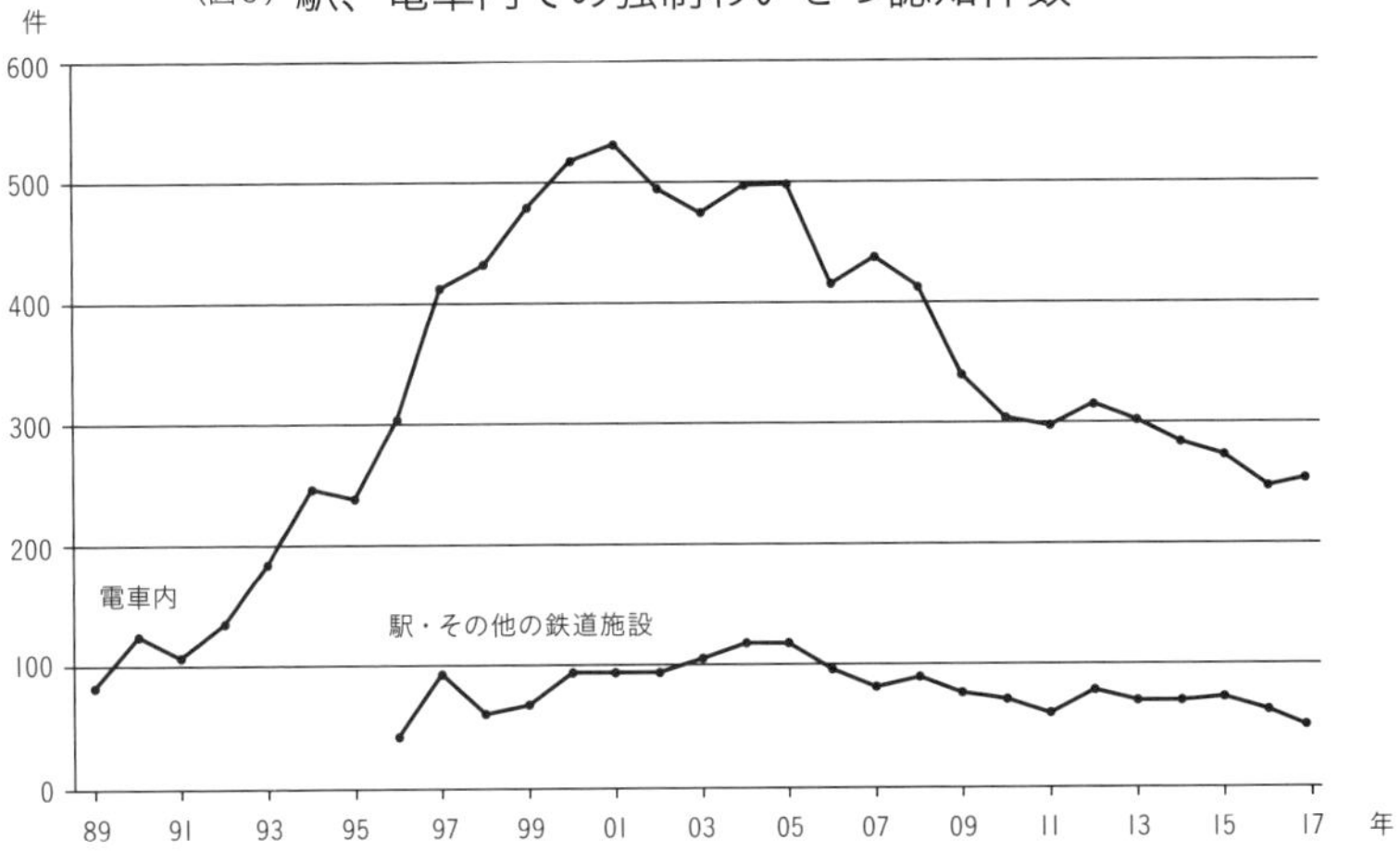

（図6）2017年鉄道警察隊（全国）
性的被害相談受理状況
（相談者別）

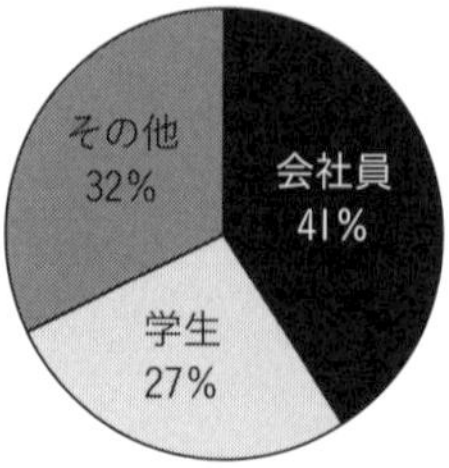


（図7）2017年大阪府警
電車内痴漢被害
把握状況（被害者別）

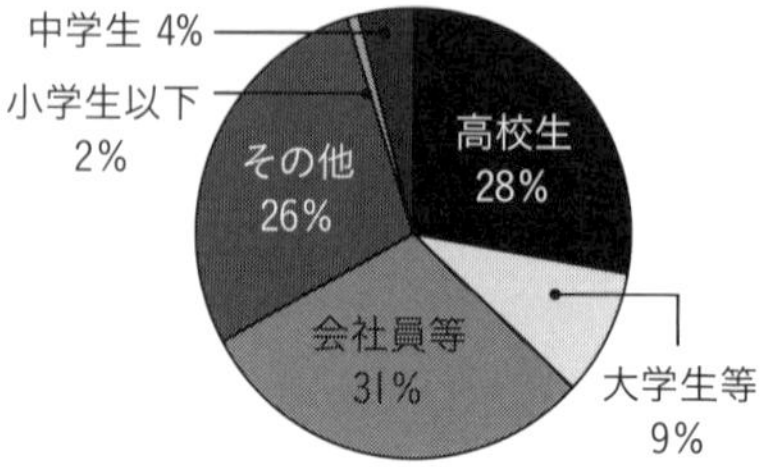


## 職業別に被害状況を見る

図6は、二〇一七年に全国の鉄道警察隊が卑わいな言動という内容で受理した主として性的被害の相談件数を、相談者の職業別に見たものである。六七二件の相談があり、そのうち、会社員・公務員からの相談が四一％と最も多く、学生（小学生から大学・専門学校生までを広く含む）からのものは二七％、その他（無職、自営業者等）三二％となっている。[9] 痴漢被害者として一番に連想されるのは、制服姿の女子高生であろう。痴漢被害防止ポスターに描かれることも多い。しかし、この相談受理件数からは、会社員等からの被害相談も多く、高校生の被害が突出しているとは言いがたい。

次は、電車内痴漢被害について詳細な統計をとっている大阪府警のデータである（図7）。加害者を検挙できなかったものも含めて、条例違反及び電車内での強制わいせつ事件として把握された総数は四〇八件である。一五歳から一八歳までの高校生の割合が二八％と高く、中学生以下の被害も六％と、無視できない数値である。被害時間を見ると、全被害件数四〇八件中、午前七時から八時台に被害に遭った件数が二六七件と、三分の二程度を占め、通勤通学時間帯の被害が多いことがわかる。

## 薄着の季節は痴漢が少ない！

警察庁科学警察研究所防犯少年部付主任研究官（当時）の内山絢子は、一九九七年一〇月から一九九八年一月までに警察が扱った強姦と強制わいせつ事件の被疑者五五三名について調査を行い、その結果を分析している。それによれば、被害者の選択理由として被害者の「挑発的な服装」をあげたのは、五・二％に過ぎなかった（複数回答のため、すべての回答の数値を合計すると二四六・四％になる）。内山は、調査結果からわかった性犯罪被疑者の「被害者選択理由からは、従来流布されていたような被害者側の責任といったことは、ほとんど理由となっていないことがわかる」と述べる。[10]肌を露出した服装をしていると性被害に遭う、必死に抵抗すれば被害は防げる、抵抗しきれなかったのは嫌ではなかったからだといった、性暴力の原因を被害者に帰せるような、誤った認識のことを、強姦神話という。警察の調査によっても、強姦神話が暴かれたわけである。

警察では、二〇〇九年から、痴漢をはじめとする性暴力犯罪から女性を守るための防犯対策に力を入れている。だが、その内容には、問題があるものが少なくない。「こんな行動や格好をしていると犯人に狙われやすくなります　露出度の高い服を着ている人」（熊本県警「女性のための犯罪被害防止マニュアル」）、「ショートパンツやオフショルダー姿の女性を多く見かけます。太陽の下ではまぶしいくらい魅力的なその姿も、夜になればよからぬことを考えている犯人に狙われる要因になりかねません。夜間に帰宅する予定がある日は、羽織り物を持ち歩くなどして、油断せずに、防犯対策をとりましょう」（滋賀県警「なでしこ通信」二〇一七年七月）、「暑い夏は、ショートパンツやミニスカート、胸元が開いたファッションをしたくなりますね。けれど、肌の露出が高い服装は男性を刺激してしまうことも！」（兵庫県警「女性のためのセーフティー・マンスリー ～女性を狙った性犯罪等の発生状況と防犯対策～」二〇一八年八月）と、肌の露出によって被害に遭うとして、服装に注意を促すものが非常に多く、強姦神話に基づいた、防犯指導が行われているのである。

　電車内痴漢被害防止のための防犯指導も同様の問題がある。夏場に痴漢防止キャンペーンを行っている警察は多く、たとえば、静岡県警鉄道警察隊は、痴漢防止キャンペーンを「女性が軽装となる今の時期（引用者注：夏休み前）に毎年行って」いるという[11]。最近でも、愛知県警鉄道警察隊が、二〇一九年七月五日に痴漢撲滅キャンペーンを行った様子が、「同隊によると、薄着の女性が増える夏は、電車内での痴漢が増えるという[12]」と新聞で報道されていた。現在は削除されているが、キャンペーンの実施を知らせる愛知県警察本部のホームページにも、夏には女性の衣服が軽装になり痴漢被害が増えるとの記述があった。

　では、夏場には電車内痴漢は増えているのか。全国の鉄道警察隊が受理した、相談件数を見てみよう。図8は、二〇一三年から五年間に、卑わいな言動という相談内容で、全国の鉄道警察隊が主に性的被害の相談を受けたデータを整理したものである[13]。鉄道警察隊という部署の特性上、その相談の多くは、電車内の痴漢や盗撮であると推察される。認知件数（被害届出数）は、事件として扱えるのかどうかという警察官の判断にも左右されるため、被害者が警察に赴いた数がそのまま反映されるわけではないが、相談にはそうした判断が入り込む余地がなく、実際の相談数がそのまま数値に反映されているはずである。[14]

薄着の季節は痴漢被害が多いとして、注意が促されることが多いが、グラフからは、最も「薄着の季節」である八月は、性的被害相談件数が少ないことがわかる。八月が最も性被害相談数が少ないという年もある。大阪府警が検挙できなかったものも含めて、条例違反及び電車内での強制わいせつ事件として把握した件数を、月別にグラフにした（図9）。この電車内痴漢行為件数からも、同様の傾向が窺える。愛知県警鉄道警察隊が取り扱った性的被害の相談数も、夏には減少していた。こうした傾向は、全国の鉄道警察隊が詳細な被害相談受理状況の分析を行っていた一九九七年も同様であった。[15]夏場に電車内での痴漢被害が少ないことは、遅くとも、二〇年前には警察部内でも知られていたのだった。しかし、現在も、薄着の季節である夏には痴漢が増えるという誤った認識に基づいて、警察による痴漢被害防止キャンペーンが行われている。事実が正確に把握されていなければ、効果的な防犯指導を行うことはできない。それにもかかわらず、かつて部内でも否定されていた強姦神話に則った防犯キャンペーンが現在も行われているのは、警察は痴漢をなくそうとは考えていないということなのだろう。

図10の届出者別の月別相談数を見ると、学生による相談件数は、八月が最も少なくなっている。その理由は、学校が夏休みで電車に乗ることがなく、痴漢被害に遭う機会そのものがない

（図8）鉄道警察隊（全国）相談受理件数（卑わいな言動）

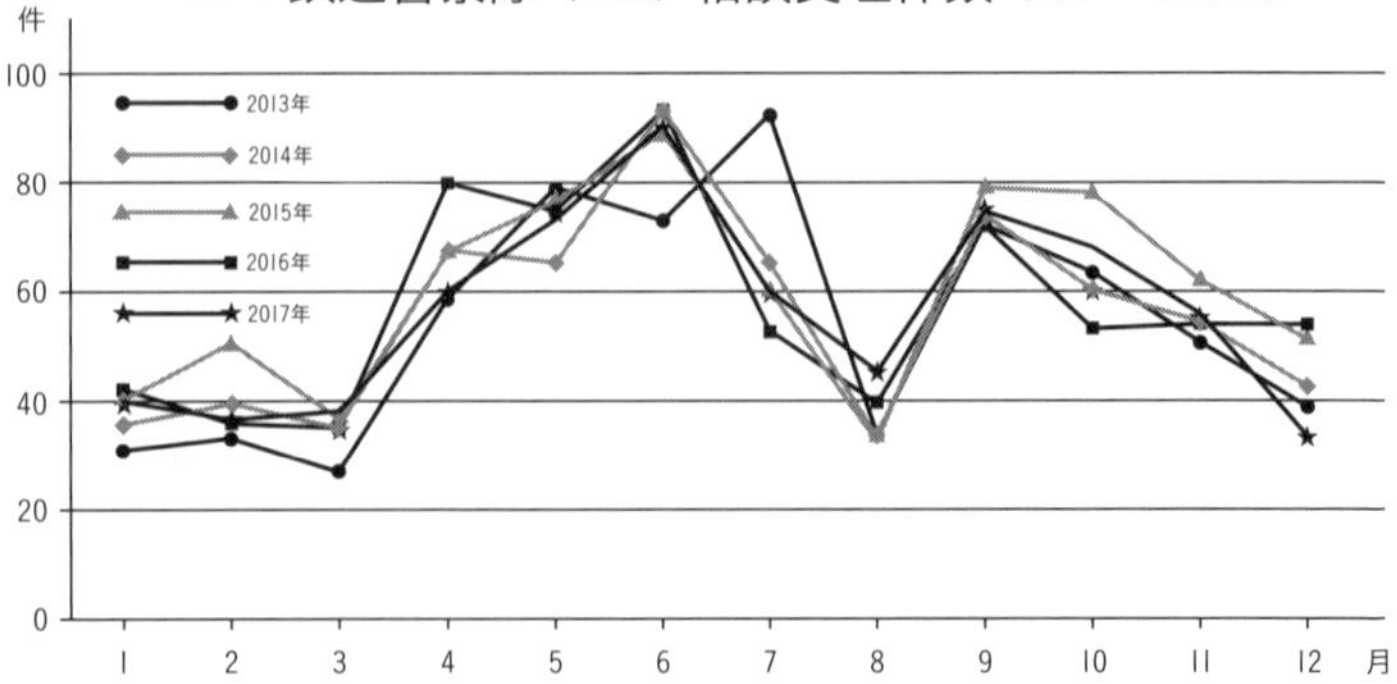


（図9）大阪府警電車内痴漢行為把握件数

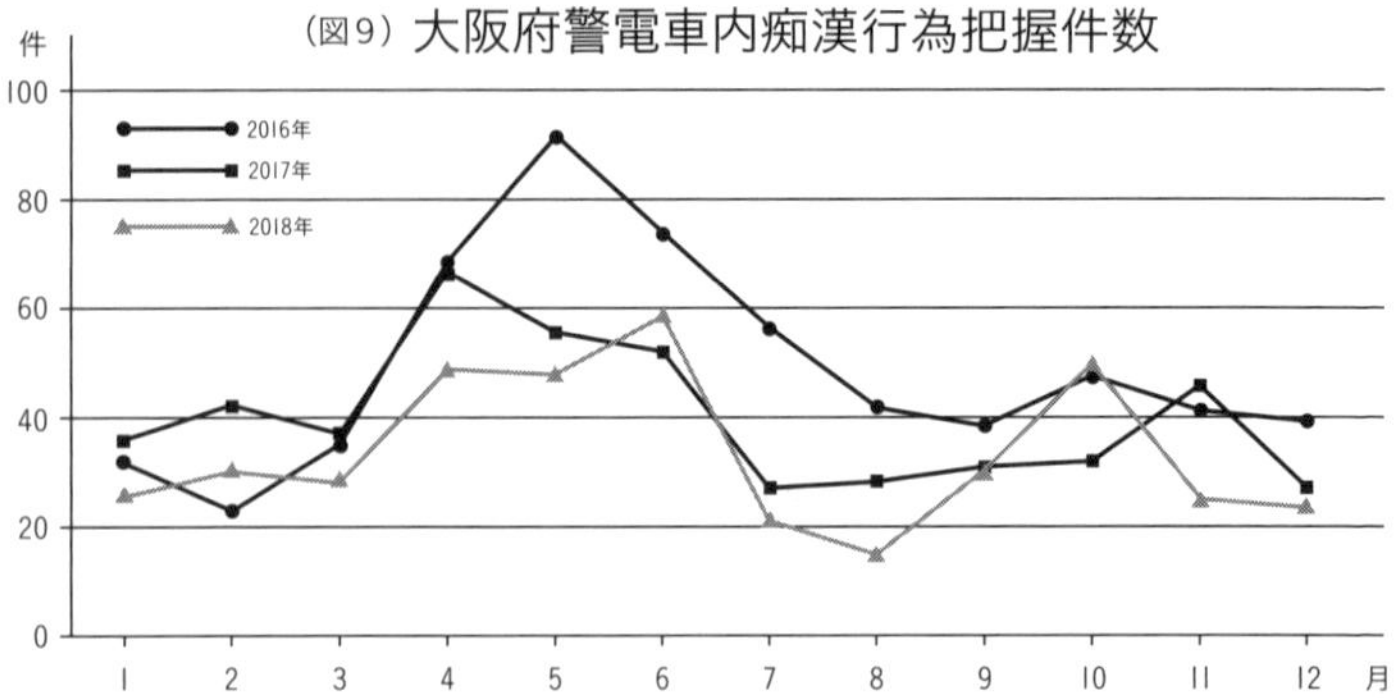


（図10）2017年鉄道警察隊（全国）相談受理件数（卑わいな言動）

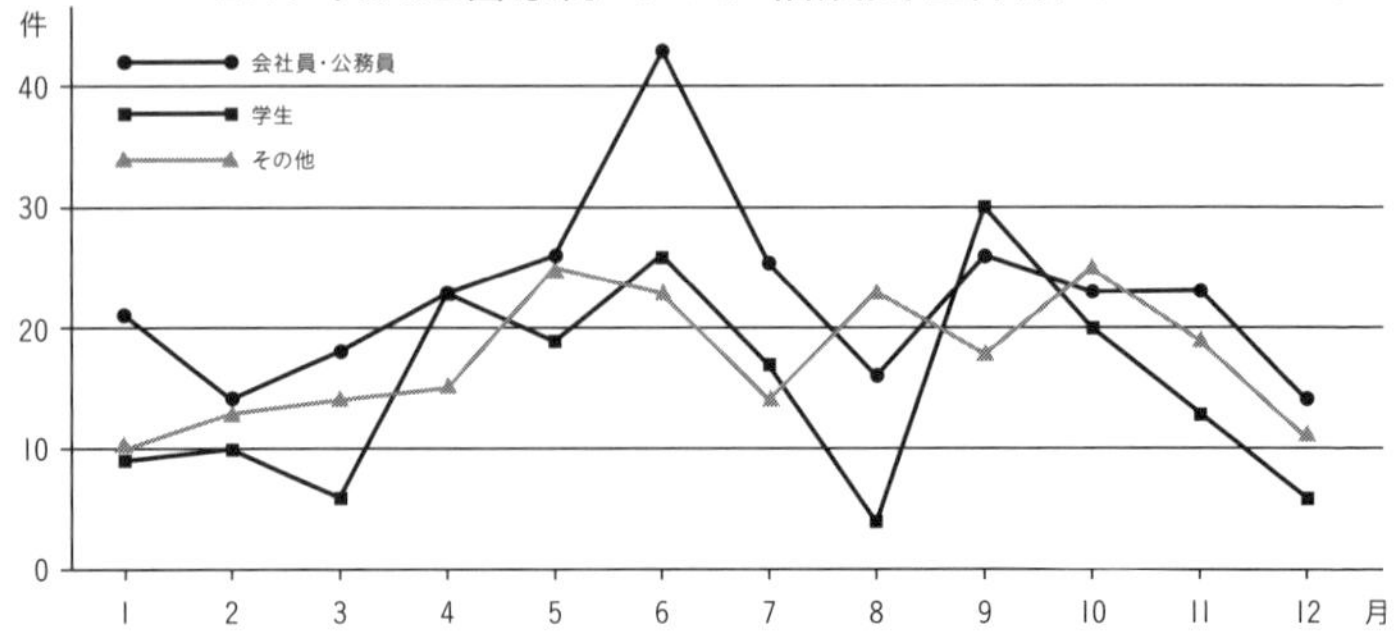

からであろう。被害に遭う対象が「いない」ことによって、被害相談件数が減少しているわけである。[16] このことは、学生・生徒を「狙った」痴漢事件があり、電車内の痴漢事件を、発生場所の問題としてひとくくりにするのではなく、未成年者に対する性犯罪という枠組みで見直す必要性があることを示唆してもいる。

ちなみに、インターネット上で、「一月に行われるセンター試験時は、受験者が痴漢被害に遭っても被害を申告していては試験に間に合わないことから泣き寝入りをすることが多く、受験生を狙った痴漢が多発し、一年で一番電車内痴漢が多い日」と噂されることがあるが、相談状況から見る限り、センター試験やその後に痴漢被害が多く報告されているという事実はない。

痴漢事件の多くは、迷惑防止条例が適用される。しかし、条例そのものが都道府県によって異なっている上に、その統計の取り方、公表の仕方も異なっているため、統一された基準で比較が可能な統計数値が存在しない。前述したように、迷惑防止条例違反は特別法犯であるため、犯罪統計上、検挙件数しか算出されず、被害届出数も不明である。東京や大阪のような詳細なデータが算出されているところもあれば、そうでないところもある。条例違反の痴漢事件件数のみを調べることも、電車内で起こった痴漢事件の件数を知ることも、困難である。

電車の中の痴漢が女性たちの日常的な問題であるにもかかわらず、公的機関が受け付けた痴漢事件についての統計すら存在しないことが、痴漢という「犯罪」が軽視されていることを物語っているといえるだろう。

1　痴漢防止に係る研究会『電車内の痴漢撲滅に向けた取組みに関する報告書』２０１１　警察庁　２頁

2　『朝日新聞』１９９5．5．10　25面

3　本書で用いるグラフは、『平成30年版　警察白書』72頁に基づく図1の他は、『犯罪統計書』（警察庁）、『犯罪統計書』（各警察本部編集）、『警察白書』、『犯罪白書』、及び、開示請求によって得られたデータをもとに、筆者が作成したものである。

4　犯罪統計上、特別法犯には「認知件数」が存在しないため、「認知件数に対する検挙件数の割合を百分比で表したもの」（『平成29年の犯罪』２０１８　警察庁　凡例）である検挙率を算出することはできず、痴漢事件の9割が該当する迷惑防止条例違反については、検挙率は存在しない。痴漢冤罪問題に取り組む弁護士によって、痴漢冤罪の原因として、連れてこられた「犯人」を是が非でも検挙したいという警察の「検挙率」向上という目的が指摘されることがあるが（「身に覚えのない痴漢の容疑で捕まったらどうすべきか」『プレジデント』２００8．2．4　82頁、秋山賢三「痴漢冤罪は、なぜ生まれる？」秋山賢三・荒木伸怡・庭山英雄・生駒巌・佐藤善博・今村核編『ＧＥＮＪＩＮ刑事弁護シリーズ10　続・痴漢冤罪の弁護』２００９　現代人文社　14、18頁）、存在しない「検挙率」を向上させることはできない。

5　データは、大阪府警への情報開示請求によって提供されたものである。

6　データは、警視庁への情報開示請求によって提供されたものである。

7　データは、大阪府警察本部ホームページ及び開示請求による。

8　データは、『平成29年の統計』（警察庁）、神奈川県警察本部、埼玉県警察本部、千葉県警察本部発行の『犯罪統計書』及び、警視庁への情報開示請求による。２０１6年は、全国の電車内で発生した強制わいせつ認知件数の7割以上が4都県で発生したものであった。

9　データは、警察庁への情報開示請求によって提供されたものである。「鉄道警察隊が扱った、電車内及び鉄道施設内における痴漢被害相談受理状況について、被害者の年齢・職業・性別、被害場所、被害態様（痴漢、盗撮等）、処理状況（現行犯逮捕、任意処理、その他）等が分かる統計データ。

可能な限り、月ごとのデータを、各都道府県別に、現在からさかのぼれるだけの期間分」として開示請求し、2013年から2017年までの「相談情報ファイル（受理窓口が「鉄道警察隊」、かつ申出内容種別が「痴漢・変質者の出没その他卑わいな言動」のもの）」が提供された。

10 内山絢子「性犯罪被害の実態（3）——性犯罪被害調査をもとにして——」『警察学論集』2000年 53（5） 177頁

11 『日刊警察』2014．8．5 7面

12 『読売新聞』2019．7．7 愛知 27面

13 注9に同じ。

14 ただし、全国の鉄道警察隊が、相談情報ファイルに入力しているわけではないようである。埼玉県警のように、新聞等で公表されている相談受理件数とファイル上の受理件数にさほど差がないところがある一方、大阪府警では、提供された相談情報ファイル上、2013年から2017年の5年間の相談受理件数は10件となっており、大阪府警から情報提供のあった「鉄道警察隊で取り扱った性犯罪等の検挙件数及び広聴相談受理件数（性犯等）」に記されている、同期間の性的被害相談受理件数1640件と大きく異なっている。警察庁及び大阪府警の情報開示担当窓口に問い合わせたが、その理由は不明とのことであった。

15 篠田耕治「鉄道警察隊の被害者対策について」『警察時報』1998 53（7）

16 2001年の全国の鉄道警察隊への被害相談件数を分析した警察庁地域課（当時）永嶋猛も同様の見解である。永嶋猛「鉄道警察隊の被害者対策」『警察時報』2002 57（7） 30頁

## 2　痴漢事件はどう捜査されるか

### 「突き出し」から捜査員による現認へ

電車内痴漢事件で検挙された強制わいせつ事件や迷惑防止条例違反事件で無罪判決が言い渡されるケースが続いたことを受けて、警察庁は、二〇〇九年六月二五日、全国の警察に「電車内における痴漢事犯への対応について」を通達した。それまでも、痴漢事件については、目撃者の確保や供述の裏付けの徹底、微物（繊維片）鑑定の積極的活用等が指示されていたが、この新たな通達では、以下のことが追加されている。

・被害者供述の吟味（被害者供述の信用性に疑いが持たれるおそれの解消）
・客観的証拠の収集（DNA型鑑定の対象資料収集）と証拠保全の教養
・留置の要否の適切な判断
・検挙対策（現行犯的に検挙する施策の推進）
・鉄道事業者等への痴漢防止対策の更なる実施の働きかけ」

警察庁刑事局刑事企画課の渡會は、この通達について、私見であると断りながらも、「痴漢事犯の常人逮捕に対する事実認定のハードルの高さを踏まえ、捜査員による現行犯的な検挙」[2]を推し進めるべきだと述べている。この、「捜査員による現行犯的な検挙」とは、繰り返し痴漢被害に遭うとして相談を受けたケースで用いられる、相談者の乗車時間に合わせて複数の捜査員が一緒に電車に乗り込み、痴漢の犯行現場を捜査員が確認して検挙するというものである。あやふやな被害者の供述に頼るよりも、捜査実務に長けた捜査員が犯行現場を押さえた方が確実だということだろう。痴漢被害に遭った当事者が加害者を「突き出す」ケースの事件検挙から、被害相談を受けて同行警乗した警察官による現行犯逮捕への、痴漢事件検挙方針の転換ともいえる。このことは一方で、被害者が加害者を捕まえて警察に「突き出す」ケースが、積極的に立件されなくなる可能性をはらんでいる。また、同行警乗した捜査員が犯行を確認して現行犯逮捕したケースでも、無罪判決がいくつも出されており、この検挙方針にも問題がないわけではない。

第二部で詳しく述べるが、かつては、警察は被害者による痴漢加害者の「突き出し」を奨励していたのであった。しかし、現在、都道府県警察の公式ホームページの電車内痴漢に関する防犯ページを見ると、加害者の「突き出し」を奨励しているところはない。被害に遭った際のアドバイスとして、加害者の「突き出し」のケースに言及しているのは、警視庁、石川県警、長野県警のみである。他の多くは、「周囲の人に助けを求めて下さい」（埼玉県警）、「すぐに通報してください」（福井県警）、「大きな声を出す」（滋賀県警）、「一人で悩まず勇気を出して警察に相談してください」（兵庫県警）といった程度で、場所を移るとか逃げる等、被害を最小限に食い止め、加害者から距離をとるようにすすめるものにとどまっている。実際に痴漢被害に遭った場合、被害者は目の前の加害者をどうしたらいいのか、わからないものばかりであり、あたかも加害者が存在しないかのようである。また、被害を目撃した乗客に対する注意事項にも、「（引用者注：被害者に）『大丈夫？』と声をかけてあげましょう」（大阪府警）、「被害者に声をかけてあげるなどのご協力をお願いします」（兵庫県警）と、加害者への対処についての情報が書かれていない。

警察が作成した痴漢被害防止を呼びかけるポスターには、被害に遭った時には相談をするように促すものが大変多いが、そこにも加害者の姿がなく、加害者に対して取るべき措置について注意事項が記されたものはない。

第一章でも述べたように、大阪府警察本部に情報開示請求を行い提供を受けた「電車内・駅構内における痴漢、盗撮等の把握状況」によると、二〇一七年に電車の中の条例違反に該当する痴漢事案で加害者が判明しているもの二二一件中、現行犯逮捕されたものは八七件、通常逮捕は四件、不拘束（任意事件）は二六件、そして最も多いのが「指導・警告」の一〇四件であった。加害者が判明しているケースの多くは、痴漢被害者が加害者とともに警察に赴いたものだと考えられる。そのうち半数近くが、指導警告ですまされている計算である。二度と痴漢行為をしないよう警察から厳しく指導してもらえばいいと、加害者の処罰までは望まない被害者もいることから、「指導・警告」の措置が被害者にとってかならずしも不利益になるというわけではない。ただ、第一章で概観したように、犯罪統計上、痴漢事件は減っている。それが、こうした検挙方針の転換によって検挙件数が減少していたためだとしたら、それは「痴漢は犯罪です」のコピーにそぐわなくはないだろうか。

## 被害を届けるプロセスとは

朝の通勤電車の中で体を触られているのに気付く。痴漢だ。許せない、泣き寝入りはしたくない。まわりの人に協力を求めるべく、思い切って声を出した。「痴漢です」。痴漢防止ポスターによく描かれるシーンだ。けれど、実際はそこで終わりではない。むしろ、ここから始まるといってもいい。

次に停車した駅で、痴漢加害者と共に降りる。誰かが一緒だと心強いが、痴漢事件には目撃者がいないことも多く、痴漢被害に遭うことが多い通勤通学の時間帯は、誰もが急いでいる。駅員に痴漢被害に遭った旨を伝えると、二人はおそらく駅員室に通され、警察官が到着するのを待つ。詳細な事情を説明するため、鉄道警察隊の分室や駅前の交番、駅近くの警察署に行くことになるだろう。筆者が話を伺った中には、事件を担当する警察署が駅から離れているからと、加害者はパトカーに乗せられて先に行き、被害者は後から一人で指定された警察署に行ったというケースがあった。そこでかかった交通費は、被害者の自腹であった。

被害申告は、被害届という書類の提出から、証拠採取、被害者の取調べ、再現見分等を含む捜査の一プロセスであり、書類を一枚書いて終わりといった簡単なものではない。被害者の取調べは、一般に事情聴取と呼ばれるが、そこで聞かれる事柄は、うんざりするほど事細かである。何時何分発の電車のどの車両のどこにどのような状態で乗車していたのか。触られたとわかったのはいつか。なぜ触られたとわかったのか。触られていたのはどれくらいの時間だったのか。なぜその時間が特定できるのか。どのように触られたのか。どうしてその人物が痴漢だとわかったのか。触られた後の行動は等々。それは、友人同士の会話で、痴漢に遭ったことを話すのとはわけが違う。

事件当時の被害者の状況を記録するために、写真が撮られ、加害者に付着している微物と照合するために、証拠採取も行われる。着衣の提出を求められることになるかもしれない。身長、体重、股下、手の長さ等の計測もある。加害者・被害者の体格差から、被害者が供述するような痴漢行為が可能か疑問視されたケースがあるため、そうした疑問を持たれないよう詳細に記録しておくのだ。

被害状況は、口頭で説明するだけでなく、ビジュアル的に理解しやすくするために実際に再現する、再現見分も行われる。痴漢は、被害者の身体に触れる行為であるため、見分でも被害者が触られている状況が忠実に再現されなければならない。そこで、被害者に見立てたマネキンを用いて、被害者立ち会いのもと、痴漢に扮した捜査員によって被害状況を再現する。痴漢役の捜査員も、当事者に体型が似た者が当てられ、当時の着衣、所持品も携行して行われる。それは、被害者にとっては、痴漢被害をもう一度体験することになる、決して愉快ではない作業だ。

こうした一つ一つにつき、書類が作成される。一通りの取調べに、少なくとも数時間を費やすだろう。一日で全てが終わらない場合もある。ある派遣社員の女性は、通勤途中の電車の中で痴漢被害に遭い、これを許してはいけないと、被害申告をしたが、結果として、その痴漢は検挙されなかったという。警察に行ったため欠勤扱いになった分の給料は支払われず、それを警察や鉄道会社が補填してくれるわけでもない。何のために警察に行ったのだろう、無駄足を踏んだのではなかったかと、今も当時を思い出すことがあるという。

## 被害者供述の信用性

警察における被害者の取調べでは、まず、「被害者自身に過去の同種被害申告歴がないか、その際の対応（示談状況等）や、被害者に精神科の受診歴がないか、言動に不自然な点がないか、思い込みの激しい性格ではないかなどにつき、被害者の素行等を調べた上、被害者が虚偽申告する動機の有無を解明しておく必要がある」のだという[3]。被害者は、その被害申告が虚偽ではなかったかという、疑いを晴らすことが求められるのだ。たとえば、過去に同じような電車内の痴漢事件で被害申告をしたことがわかれば、再び被害に遭わないように気をつけてこなかったことが問われる。加害者との示談に応じて金銭を受け取ったことがあったとしたら、金銭目当ての虚偽申告ではないかと疑われる。あるいは、鞄があたっただけなのを痴漢だと思い込んだのではないか、周囲の人から注目されたかったのではないか、痴漢だと叫んだ後に間違いに気づいたが引っ込みがつかなくなっただけではないのか等々。これらは、痴漢事件の無罪判決が相次ぎ、被害者の供述の信用性が問題になったことからとり入れられた。被害者の供述の信用性を担保する目的で行われるものとはいえ、当事者にとっては、不愉快なものである。

痴漢被害に遭い、警察の取調べを受けた方から、筆者が伺った話がある。犯人は逃げたものの、防犯カメラの映像から加害者を割り出すことができるかもしれないと、警察から被害申告をすすめられた。その際、加害者との面識の有無の他、彼女の貯金額や、雇用形態、給料の額、勤続年数や職場でのトラブルの有無等、痴漢事件とは全く関係のない、個人的な事柄を細々と聞かれたのだという。彼女は、自分が痴漢狂言で加害者から示談金をふんだくろうとしている犯人として警察から疑われているという印象を強く持ち、非常に腹立たしかったという。

## 被害者に求められる具体的な供述

裁判で信用される被害者供述には、以下のような特徴があるという。被害状況の供述が「①具体的であること　②詳細であること　③自然で臨場感があること　④合理的であること　⑤迫真性があること　⑥弁護人の反対尋問にも揺らぐことなく一貫していること　⑦うそを述べる必要性がなく、被疑者が犯人であることを間違えるはずがないこと」[4]。供述が具体的、詳細、自然、合理的、迫真性があるとはどういうことだろうか。捜査参考書で取り上げられている痴漢事件の想定ケースから、捜査や裁判で求められる、被害状況の供述とはどういうものかを見ていきたい。以下は、下着の中に手を入れたという強制わいせつ事件を想定した、被害者供述調書の例である。

　そこで私は、前を向いたまま、自分の右手を後ろに伸ばして、おしりの割れ目を伝って私の陰部をさわっている最中の犯人の手の手首部分を思い切りつかみました。すると、その手の主はあわてて手を強くひいたので、その手首をつかんでいた私の手がはずれてしまいました。私は、このままでは相手に逃げられると思い、間髪を入れずに後ろを振り向いて、犯人が手をひいた方向を見たところ、私の後ろには先ほどの身長一七〇センチくらい、年齢四〇歳前後、やせ型、色白で銀縁の眼鏡をかけ、黒のハーフコートを着た一見サラリーマン風の男が立っていました。犯人が私の陰部をさわっていた手をひいた方向にはその男しかいませんでしたし、私が振り向いた時に、その黒のハーフコートの男は驚いた顔をしていたので、痴漢の犯人はその男に間違いないと思います。（中略）

　ただいま見せていただいた写真の男が、私のショーツの中に手を入れ、私の陰部を直接さわった人に間違いありません。私は、その後もその男と一緒にいて馬喰町《ばくろちょう》駅でその男を駅員さんに突き出していますので、見間違うことはありません。また、新小岩駅から錦糸町駅までの間に、私の右斜め前方に立っていて、手の甲を私の股間に押し当てた人もこの写真の男だったと思います。

このような供述を、被害者本人が自発的にできるとは考えにくい。
痴漢冤罪が問題になって以降、被害者の取調べに当たって非常に重視されるのが、その人物が痴漢犯人であると被害者が確信する根拠の聞き取りと記録である。たとえば、「臀部をなでている被疑者の手をつかんだが、振りほどかれてしまった。その手の袖口を見るとブルーの袖だった。後ろを振り向くと、ブルーの背広を着た男がいたので、その男が犯人に間違いないと思って捕まえた」[6]という程度の記述では、犯人の特定には不十分だという。他にもブルーの背広を着た人物がいた可能性が否定できないからである。そのため、周囲の人物の服装や持ちものをできるだけ特定して、他にはブルーの服を着ていた人物がいなかったことを示しておく必要があるというのだ。また、犯人の触っていた手が右手か左手かがはっきりしていなければ、別の者による犯行の可能性が否定できないため、「臀部をなでている被疑者の右手を左手でつかみ、被疑者の顔を見たので、犯人が被疑者であることは間違いない」[7]といった記述が必要になる。ここまでの詳細な供述を、初めて痴漢被害に遭った被害者が、自発的にできるものではない。

被害者も、自身の言葉が書かれているはずの供述調書に違和感を抱くことがある。フリーライターのまつばらけいは、書評記事の中で、自身の痴漢被害経験に触れている。警察で被害者として「取調べ」を受けた際、「取調官がストーリーを創作し、いくら説明しても、調書は事実とは異なる文面になっていた」[8]と、自分が語ったことが書かれているはずの供述調書に違和感を抱いたという。「いくら説明しても」というように、取調官は供述者の主張には聞く耳を持たず、自分が作ったストーリーに強引に同意させた様子も窺える。取調べでは、被害者もまた、事実ではないこと、思ってもいないことを供述調書に書かれてしまうのだ。

　被害者の取調べは、事情聴取と呼ばれることが多いが、被疑者の取調べと同様、捜査上の必要項目を熟知した取調官が適切な質問をすることによって、被害者の記憶を喚起し、被害者から具体的な供述を引き出すものである。被害者が自分の訴える痴漢被害とは関係がないのではないかと疑問に思うような、答えたくない質問であっても、捜査に必要だからと説得されて語るのである。

　そこで作成される供述調書は、本人の言ったことが逐次記録されたものではなく、取調官が立件に必要な項目を質問し、その答えを供述者の一人称の語りのように編み直した、取調官の「作文」である。したがって、「無罪事件の中には、捜査段階における被害者の供述が指摘されている場合があるが、これは、被害者の責任というより、むしろ、捜査官において、被害者に対しての質問の仕方が適切でなく、被害者の真意と異なった供述調書が作成されるから」[9]であり、その責任は被害者ではなく、取調官にある。

　痴漢冤罪問題では、捜査段階で、被疑者がしてもいない痴漢事実の供述を強要される状況を指して、冤罪被害者や弁護士から「被害女性の供述を鵜呑みにして」「自称被害者の申出通りに」捜査が行われたと言われることが多く、被害者の言うことがそのまま捜査機関に受け取られているかのようである。しかし、被害者の供述も作られたものである。被害者の供述調書も「被害者の言う通り」に書かれるのではないのである。

## 捜査機関の考える痴漢の犯行動機とは

犯行動機は、取調べで犯人が原因を語ることで明らかになるものだと考えられがちである。しかし、冤罪、すなわち「やっていない」にもかかわらず、捜査や裁判で、動機があると判断されることもあるのだ。火災事故が放火殺人事件として扱われ、後に再審・無罪となった「東住吉事件」では、マンション購入費のための保険金目当ての犯行だとの犯行動機が捜査機関によって作られ、有罪判決が下された。[10] ここからわかるのは、捜査や裁判の過程で考えられている犯行動機とは、「やっていなくても存在するもの」で、捜査機関のこれまでの同種事件についての認識によって作られたものだということだ。[11] 痴漢事件も同様である。そこで、痴漢事件の捜査にあたる捜査員のための捜査参考書から、痴漢の犯行動機がどのように扱われているのかを検討し、捜査機関が痴漢の原因をどのように考えているのかを見ていく。捜査参考書に取り上げられている事例は、実務で扱うことが多いと考えられるケースを、実際の事件を参考にして想定されたもので、取調べのポイントや捜査書類の書き方が解説されており、これらから、捜査機関がどのような認識に基づいて捜査を行っているのかを見ることができる。

以下に引用するのは、捜査参考資料に掲載されている、路上で卑わいな言動をしたという事件の被疑者供述調書の記載例である。供述調書は、本人の供述が記されている書面ではあるが、作成者は取調べをした警察官であり、供述者の発言がそのまま記録されるわけではない。

> 私は、平成〇〇年五月一五日午後六時ころ、東京都千代田区麹町四丁目の飲食店前の路上で、若い女性のはいていたミニスカートの中を後ろからのぞくいたずらをして、その女性に恥ずかしい思いをさせたり、不安を覚えさせたことは間違いありません。（中略）
>
> 私が歩いていくと、麹町四丁目付近の〇〇〇とかいう飲食店前の路上で、その飲食店の店員と思われる二〇歳位の若い肉感的な女性が店の前の歩道に出しているテーブルや椅子を前かがみになった状態で雑巾で拭いているのが目に入りました。
>
> その女性は、ものすごく短いミニスカートをはいていて、もう少しで下着が見えそうでした。
>
> 私は、ちょうどこの時妻が出産のために実家に帰っていて、欲求不満の状態にありましたし、酔った勢いもあって、その女性の下着を見てやりたいと思いました。[12]

妻が長期不在で、被疑者は妻との性行為がなかったために性的欲求不満状態にあり、そのことが、女性の下着をのぞくという条例違反事件の原因となったと説明されている。妻との性行為と犯罪として処罰されるのぞきという行為が、連続したものであるかのようだ。

次は、同僚とともに行ったカラオケ店で女性に抱きついたという卑わい行為を想定した条例違反事件被疑者供述調書の記載例からの抜粋である。

> そのとき、女性に抱きつき、変なことをしてしまったのは間違いないのですが、その時の

気持ちや感情は正直思い出せません。

一昨日、恥ずかしながら、自宅で自分でオナニーをして処理をしていますので、素面で性欲はそんなにあったとは思いません。

しかし、酔っていたこともあり、知らず知らず性欲が強い状態になっていたとは思います。通常の人もそうだと思いますが、私は、酔うといやらしくなり、セックスしたくなります。


（中略）

それが、酒のせいにすることはいけないことですが、女性に突然抱きつくという行動に発展してしまったのだと思います。[13]

この供述調書には、酔って抱きつくという行為は、性欲によるものだという痴漢行為の原因が書かれている。本来は、それはマスターベーションによって解消できるものだとされているが、酒に酔っていたことにより、「性欲が強い状態」になっていたという。ここでいう性欲とは、男性の身体に自然なものとして組み込まれた欲望のことであり、飲酒やストレスによってコントロールができなくなるものらしい。この記載例では、「通常の人もそうだと思いますが」と被疑者に語らせることで、供述内容がこの事件の加害者特有のものではなく、男性全般に見られる傾向であることを示そうとしている。

しかしセックスをしたくなるということと、痴漢行為をすることとは同じことではない。前者は、同意に基づく性行為のことであり、後者は性暴力である。また、痴漢行為は通常、服の上から身体を触る行為を言い、性器の挿入や射精を伴わない。それにもかかわらず、痴漢行為をセックスと連続したものであるかのように扱い、その動機を、セックスをしたくなるという「性欲」によって説明しようとしているのである。

痴漢行為には、条例違反だけでなく、強制わいせつ罪が適用されるケースもある。二〇一七年一一月二九日に、立件に際して性的意図が不要とする最高裁判決が出されるまで、強制わいせつ罪の適用には性的意図の立証が必要だとされてきた。そのため、捜査参考書には、犯行動機の記載に関しては性的意図が明確になるよう、「痴漢事件の場合は、仕事のストレスがたまっていたとか、妻とセックスがなく、性欲がたまっていたなどの事情も録取する」必要があると指導されている[14]。その一例として、電車内で下着の中に手を入れるという痴漢行為をしたという想定の被疑者調書例の、犯行動機を語った部分をあげる。

当時私は、妻とは普通にセックスがありましたが、会社で重要な仕事を与えられてストレスがたまっていたので、精神のバランスが崩れていたのだと思います[15]。

ここでも、電車の中で行われる痴漢行為が、妻とのセックスと地続きのものとして考えられている。そこには、痴漢は「性欲」によるものという捜査機関の前提とする性暴力認識がある。痴漢行為の動機・原因が、生物としての男性に普遍の性欲という語彙で語られているということは、すべての男性が痴漢の動機・原因を有しており、まるで痴漢は性欲という本能によって引き起こされてしまったかのようだ。痴漢行為が自然の欲求の発露であるとみなすことは、性「暴力」の矮小化であり、それを誘発した被害者に責任を転嫁するものとしても働いてしまう。

痴漢をしたとして逮捕された被疑者が犯行を否認しており、犯行動機を供述しているとは考えられないケースにもかかわらず、「容姿端麗なV（引用者注：被害者）を見て、自らの性欲を満足させたいという衝動に駆られて[16]」という、捜査・訴追機関が考えた痴漢行為の犯行動機を本人の動機にあてはめて主張された例がある。このことからも、痴漢は被害者に誘発される性欲の発露であり、容姿はその大きな要素であると捜査機関によって考えられていることがわかる。

## 作り出される「羞恥心」

痴漢事件の多くに適用される迷惑防止条例の卑わい行為条項は、「人を著しくしゅう恥させ、又は人に不安を覚えさせるような卑わいな言動」を禁じたものである。そのため、被害者の供述調書には、性的羞恥心が侵害されたことが記される。捜査員向けの捜査参考書の被害者の供述調書記載例からも、そのことが窺える。

私は、今回のような痴漢行為をする男性は絶対に許しませんし、私は、電車内で非常に恥ずかしい思いをしました。犯人には二度と痴漢行為をしないように厳重に処罰してください。[17]

このことは、被疑者についても同様である。被疑者の供述調書にも、被害者をどのように認識したかの記述に、同様の記載がなされる。以下は、スカートの中をのぞいたという迷惑防止条例違反被疑者の供述調書記載例である。

音を立てないようにしたのは、女性が気づいたら恥ずかしがったり、不安を感じたりして逃げてしまうと思ったからでした。（中略）

その女性は、恥ずかしくてたまらない様子で顔を真っ赤にして店の中に入っていきました。（中略）

店の中では、私がミニスカートの中をのぞいた女性が、よっぽど恥ずかしさと不安を感じたようでしくしく泣いていました。（中略）

妻にも年がいのないことをしてと叱られました。[18]

被疑者供述調書にもかかわらず、「よっぽど恥ずかしさと不安を感じたようで」と、本人でなければわからないはずの被害者の感情までもが書き込まれており、被害者が恥ずかしがっているということが、ことさら強調され、被害者が恥ずかしがっていた様子が、執拗に記されている。

この記載例には、供述調書作成の際のポイントが解説されており、それによると、被害者が恥ずかしがっていた様子を記載するよう注意がある。記載例に「恥ずかしい思いをしました」

とあるのは、被害者の心情を記したというよりも、そのように供述調書に書くことが決められているということなのだ。後でも詳しく述べるが、条例違反として立件するためには、恥ずかしがっていたことを立証しなければならず、供述調書もそれを具備すべく作成しなければならない。性的羞恥心の侵害行為として規定される迷惑防止条例を適用して痴漢犯人を検挙する以上、被害者は性的羞恥心が侵害されたことになっていなければならず、被害者には、性的羞恥心についての供述が求められてしまう。

筆者が痴漢被害を警察に届けた方から話を伺った中には、取調べで作成された供述調書に、「こんな恥ずかしい思いをしました」「恥ずかしくてたまりませんでした」等と、本人が言ってもいないことが書かれていたため、変更を求めたところ、そういうものだからといって聞き入れて貰えず、説得されて供述調書に署名せざるを得なかったというケースがあった。その方は、そのやりとりのため、警察での被害申告という経験がとても嫌な記憶として残ったという。捜査参考書に書かれていることは、実際の痴漢被害者の取調べでも行われているのだ。

被害者は、痴漢行為に怒っていたのだとしても、供述調書は、性的な恥じらいの気持ちが全面的に押し出されたものになってしまう。本人が、自分は何も恥ずかしくないと言っても、恥ずかしがっているように、取調官によって供述が作られてしまう。被害者は痴漢行為に怒ってはいけない、恥ずかしがらなければならないとでもいうようである。

1 渡會幸治「電車内における痴漢事犯への対応について」『Ｋｅｉｓａｔｓｕ ｊｉｈｏ』２００９ 64（11）11頁。警察部内では、警察職員の能力向上のための訓練、研修を「教養」と呼んでいる。また、痴漢事件において、客観的証拠の収集が指示されているといっても、それがなければ立件できないというわけではなく、微物鑑定がなされていなくても、送致・起訴されるケースはある。

2 渡會幸治「電車内における痴漢事犯への対応について」『Ｋｅｉｓａｔｓｕ ｊｉｈｏ』２００９ 64（11）11頁

3 田中嘉寿子『性犯罪・児童虐待捜査ハンドブック』２０１４ 立花書房 １５１頁

4 宮田正之編著『供述調書記載例集』２０１０ 立花書房 ３０５頁

5 梶木壽・寺脇一峰・稲川龍也編著『新捜査書類全集第4巻 取調べ』２００６ 立花書房 99-１００頁

6 宮田正之編著『供述調書記載例集』２０１０ 立花書房 ３０７頁

7 宮田正之編著『供述調書記載例集』２０１０ 立花書房 ３０７頁

8 まつばらけい「今月のブックガイド」『現代性教育研究ジャーナル』２０１３ 32 10頁

9 宮田正之編著『供述調書記載例集』２０１０ 立花書房 ３１０頁

10 青木惠子『ママは殺人犯じゃない 冤罪・東住吉事件』２０１７ インパクト出版会、里見繁『冤罪 女たちのたたかい』２０１９ インパクト出版会

11 捜査機関が性犯罪者の犯行動機をどのように考え、捜査に反映させているのかについては、牧野雅子『刑事司法とジェンダー』（２０１３ インパクト出版会）2章「強姦事件における犯行動機の立証」を参照。

12 森山英一他『供述調書作成の実務 特別法犯Ⅰ――改訂版――』２００５ 近代警察社 １１７-１１８頁

13 宮田正之編著『供述調書記載例集』２０１０ 立花書房 ３３２頁

14 梶木壽・寺脇一峰・稲川龍也編著『新捜査書類全集第4巻 取調べ』２００６ 立花書房 １０３-１０４頁

15　梶木壽・寺脇一峰・稲川龍也編著『新捜査書類全集第4巻　取調べ』２００６　立花書房　１０４頁

16　名倉俊一「ある痴漢事件の捜査について」大谷晃大監修『実例から学ぶ犯罪捜査のポイント』２０１１　東京法令出版　２９２頁

17　宮田正之編著『供述調書記載例集』２０１０　立花書房　３１８頁

18　森山英一他『供述調書作成の実務　特別法犯Ⅰ――改訂版――』２００５　近代警察社　１１７-１２０頁

## 3　痴漢を取り締まる条例

痴漢事件として検挙された九割以上が迷惑防止条例違反によるものであり、現在、痴漢行為は迷惑防止条例によって取り締まられているといってもよい状態である。ここで、その条例は、どのように制定され、痴漢はどのように規定されているのかを見ておこう。痴漢行為は「卑わいな行為」として規定されているところがほとんどであり、「卑わいな行為」には、痴漢の他に盗撮や類似行為も含まれるが、本章では痴漢のみを扱う。

### 条例が制定された経緯

東京都を管轄する警視庁は、一九五〇年代半ばから、小暴力取締りの強化を図っていた。小暴力とは、凶悪犯罪と比較すれば軽微であるものの、多くの人の日常生活に影響を及ぼす、乗物の中での乱暴行為や嫌がらせ、押売といった身近な暴力事犯のことである。小暴力は、警察に届けるほどでもない、関わり合いになりたくない等の理由から放置されがちであり、それが治安の悪化を招いているともいわれていた。警視庁では一九六四年のオリンピック開催を前に、

「首都東京の街頭を浄化し、日本の国際的信用を高めたいという切実な要求」[1]があったことに加えて、東京は他府県にはない都市化に伴う問題を抱えており、従来の法体制での治安対策が困難になっていた。[2]そこで、オリンピックを「東京を文化的法治国家の首都として世界に紹介する絶好の機会」[3]ととらえて、警察庁、検察庁とも協議を重ね、街頭からの小暴力排除を目した条例を制定することにしたのであった。

条例の立案にあたった警視庁防犯部は、まず、都民に対して取締り要望事項の調査を行った。その結果から、現行法令では取り締まることができず、必要性、緊急性の高い六項目（①ダフ屋行為の禁止、②ショバヤ行為の禁止、③景品買行為の禁止、④ぐれん隊行為等の禁止、⑤押売行為の禁止、⑥不当な客引き行為等の禁止）を選んで、立法化を進めた。取締りに当たる現場の警察官からの希望も、条例に反映されたという。[4]

二年後に東京オリンピックを控えた一九六二年一一月、東京都の「公衆に著しく迷惑をかける暴力的不良行為等の防止に関する条例」が施行され、ほどなくして、同年一二月には大阪で「公衆に著しく迷惑をかける暴力的不良行為等の防止に関する条例」が交付、石川、鳥取、福井等もそれに続いた。

## 取締りの対象は何か

東京都を例にとると、制定当初の条例は全八条からなり、禁止項目六項目のうち、第五条第一項「粗暴行為（ぐれん隊行為等）の禁止」が、「卑わいな言動」を禁止するものであった。

　粗暴行為（ぐれん隊行為等）の禁止
　何人も、婦女に対し、公共の場所または公共の乗物において、婦女を著しくしゅう恥させ、または婦女に不安を覚えさせるような卑わいな言動をしてはならない。[5]

「ぐれん隊」とは不良集団のことだが、この条項は、ぐれん隊に該当する者のみを対象にしたものではなく、「婦女に対してなされる卑わいな言動及びいいがかりをつけ、凄む等の行為」を含めた粗暴行為をぐれん隊行為と呼んで、見出しに用いたのであった。[6]新聞でも、「公共の場所で婦女をひやかしたり、恥ずかしめたりする行為も対象になるが、これは愚連隊ばかりでなくこのようなマネをすると、むろん一般人でも取締られる」[7]と、誰もが取締りの対象であると報道されていた。[8]他府県の条例にも、同様の「卑わいな言動」の禁止条項は盛り込まれていた。
　条例が施行されるのに合わせて、警視庁をはじめ各警察は、取締りに当たる警察官に対して、各条項や取締りのポイントを解説した通達や資料を出した。その「卑わいな言動」の項目には、以下のような問答形式の解説がある。

問（一）第二条や第三条あるいは本条第二項などは、条文的に何を取締ろうとするものであるかについてのイメージといいますか、そういうものがぴったり来たような感じがするのですが、第五条第一項については、そういうイメージがわいて来ないような気がするのです。何か適例をあげて説明していただけませんか。

答　必ずしも適例といえるかどうか疑問なんですが、先日こんな例がありました。

比較的空いている国電ですが、一見明らかな風体の男が五、六人で、たまたま乗り込んだ婦女をとりかこんで、余り大きな声でいうべきでないような事を仲間同志で話している。しかも、取り囲んだ婦人を明らかに意識しながらの行動です。その婦人もしゅう恥・不安でどうしようもないような様子だったそうです。また、通りがかりの婦女に対して卑わいな言動をするということも、よく耳にする例です。あるいは、いわゆるスカート切りなども、本項違反の例としてあげてよい場合もあるでしょう。

問（二）　婦女に対し、聞こえよがしに大きな声でわいせつなことを男同志で話しあっているというような例をよくみかけるのですが、第一項に違反すると考えてよいわけですか。

答　その通りだと思います。[9]

ここで取締りの対象として想定されているのは、複数の男性が、女性に聞こえていることを前提に卑わいな話をして女性が恥じらっているという態様である。痴漢行為の一種である「スカート切り」に言及されてはいるものの、電車内で身体に触る痴漢行為は、条例の取締り対象としては想定されていない。実際に検挙されたケースも、同様であった。次の二例は、電車内で卑わいな発言をしたとして、条例違反で逮捕されたものである。

（引用者注：被疑者は、）乗客の婦女に対しては、「でかい女だなあ、こんなに混んでは女なら○○○○から○○が流れて来る。」などと粗野な暴言を吐き、しゅう恥させもって公衆に著しく迷惑をかけているところを折柄日勤勤務を終了し帰宅に際し乗り合わせた第三機動隊の○○巡査（引用者注：原文は巡査の実名）に現行犯逮捕されたものである。[10]

被疑者は、一一月一一日午後一一時三〇分ごろ、山手線外廻り国電内（田町〜品川間）において、乗客の○○○○（三七）に対し、「このオマンコ野郎」などと申し向け、同女を著しくしゅう恥させ、不安を覚えさせるような卑わいな言動をしたものである。[11]

これらの検挙事例からもわかるように、条例が制定当初、取締りの対象としていた「卑わいな言動」は、身体に接触する痴漢行為ではなく、言葉によるものであった。そのため警察は「卑わいな言動」にあたる行為を「婦女からかい」と総称していた。[12]

## 条例が痴漢事件に適用されるまで

条例の立案が進められていた当時、電車内での痴漢被害は多く、通勤通学の女性たちを悩ませていた。当時の週刊誌の記事によると、警視庁も痴漢対策に苦慮していた様子である。[13]痴漢行為を取り締まるには、軽犯罪法を適用するしかなく、取締りのための実効性のある法の必要性が叫ばれていたにもかかわらず、[14]迷惑防止条例は、痴漢事案を想定していなかった。警察は痴漢行為を、「犯罪」として取り締まるべき対象とみていなかったということであろう。

しかし、条例立案時には想定されていなかったものの、事案の対処を迫られる中で、電車内痴漢事件への条例の運用の可能性が探られていく。大阪では、条例制定から半年を待たずして、電車内で「いたずら」をしたケースを大阪府条例違反で検挙した事例があり、[15]その後、痴漢事案に条例が適用されるようになる。一九六五年には、電車内で女性に対する「いたずら」が多いという乗客の訴えで、警察官や鉄道公安官が警乗する特別捜査班が結成され、東京や千葉の条例違反として加害男性が逮捕されている。[16]「グレン隊防止条例ができてから、(引用者注：痴漢の)取り締まりがやりやすくなった」という、一九六四年に新聞で紹介された国鉄鉄道公安課のコメントは、痴漢行為への条例の運用が積極的に行われていることを物語る。[17]

## 現行の条例はどのようなものか

一九六二年に東京都で最初に制定された迷惑防止条例は、二〇〇二年の「栃木県公衆に著しく迷惑をかける行為等の防止に関する条例」をもって、全国すべての都道府県に整備されたことになる。痴漢行為を禁止する「卑わい行為の禁止」条項はいずれの条例にも規定されているが、その条文中に「痴漢」の文言が入っている条例はない。「新潟県迷惑行為等防止条例」の見出しには「痴漢行為等の禁止」とあるが、その他の条例には見出しにも「痴漢」の文言は入っていない。

東京都の「公衆に著しく迷惑をかける暴力的不良行為等の防止に関する条例」は、一九六二年に制定されてから二〇一八年の最終改正までに一二回改正されている。他の道府県も同様に改正が繰り返されており、現在では、制定当時には存在しなかった、盗撮事案に対応する条項等が盛り込まれ、情勢に応じたものとなっている。[18]

東京都の現行条例は全九条からなり、痴漢行為については、第五条「粗暴行為（ぐれん隊行為等）の禁止」に以下のように定められている。

何人も、正当な理由なく、人を著しく羞恥させ、又は人に不安を覚えさせるような行為であつて、次に掲げるものをしてはならない。

（一）公共の場所又は公共の乗物において、衣服その他の身に着ける物の上から又は直接に人の身体に触れること。（以下略）

被害場所に制限のない強制わいせつ罪とは異なり、対象となる場所が「公共の場所」「公共の乗物」に限定されており、[19] 他府県も同様である。

罰則は東京都の場合は、第八条に定められており、痴漢行為は「六月以下の懲役又は五〇万円以下の罰金」である。多くの条例は東京と同様であるが、栃木、神奈川、愛知は「一年以下の懲役又は一〇〇万円以下の罰金」と厳しく、鳥取は「五〇万円以下の罰金又は拘留若しくは科料」である。すべての都道府県において常習者にはより厳しい罰則が規定されており、東京をはじめとして多くは「一年以下の懲役又は一〇〇万円以下の罰金」と定めている。栃木、神奈川、愛知は、常習者に対する罰則も厳しく「二年以下の懲役又は一〇〇万円以下の罰金」となっている。鳥取県は、常習者に対しても罰則が軽く「六月以下の懲役又は一〇〇万円以下の罰金」である。[20]

一九九九年に鹿児島で条例が新設される際、被害者の性別要件を盛り込まなかったのをはじめに、東京では二〇〇一年に、条項の客体（＝被害者）の「婦女」が「人」に変更され、現在、すべての都道府県において、客体について性別の規定はない。

## 性的羞恥心という要件

現在、各都道府県で運用されている迷惑防止条例の「卑わいな行為の禁止」条項には、その要件として、兵庫県を除いて「著しく羞恥させ」といった文言が入っている。この要件は、一九六二年に警視庁で条例が制定された時からのもので、警視庁の条例立案者の解説によれば、羞恥とは性的恥じらいのことであり、[21]現在も同様の定義で用いられていると思われる。[22]兵庫県の「公衆に著しく迷惑をかける暴力的不良行為等の防止に関する条例」には「羞恥」の文言が入ってはいないが、禁止行為として「人に対する、不安を覚えさせるような卑わいな言動」とあり、この「卑わい」が他人に羞恥心を抱かせることだと解釈されている。[23]したがって、すべての都道府県において、禁止される卑わいな行為とは、単に身体に接触する行為ではなく、著しく性的恥じらいを感じさせる、内心に影響を与える行為である。

刑法に定められている性暴力犯罪は、性的自己決定権や性的自由の侵害行為として禁止・処罰される。一方、迷惑防止条例で痴漢は、性的羞恥心を侵害する行為として規定されており、他の性暴力犯罪と異なる扱いである。それは、条例を適用するには、単に身体に触れたというのみでは足りず、被害者が「性的恥じらい」を感じていなければ、「犯罪」として成立しないということでもある。

そのため、実際の捜査に当たっては、行為事実のみならず、被害者が性的恥じらいを抱いたことの立証に力点が置かれる。条例制定当時に作成された大阪府警察本部による「暴力的迷惑行為防止条例違反被疑事件捜査の手引」[24]には、被害女性が性的羞恥心を抱いたことが強調された被疑者・被害者供述調書の記載例を掲載して捜査上のポイントが解説されており、本条項の要件を具備すべく、捜査を行うよう指示されていたことがわかる。現在も、同様に性的羞恥心を抱いていたことに力点を置いた取調べが行われるのは、第二章で見た通りである。

## 被害者資格

条例制定時、卑わいな言動の客体は条文で「婦女」に限定されていた上に、運用上、さらに限定が加えられていた。警視庁の立案担当者が作成した『公衆に著しく迷惑をかける暴力的不良行為等の防止に関する条例解説』には、被害者としてみなされるには、「成年、未成年を問わないが、婦女は卑わいな行為の相手方であるから、その行為を卑わいなものとして感じうる能力を有するものであることを要」し[25]、「幼女に対する行為は含まない」[26]とある。大阪府警による条例制定時の通達「公衆に著しく迷惑をかける暴力的不良行為等の防止に関する条例の解釈運用について」でも、警視庁と同様の指示が行われており[27]、他府県も同様の解釈であった。

近年の、取締りに当たる、全国の警察官向けの参考資料にも、被害者としてみなすには「当該行為を卑わいなものと感じる成熟度が必要[28]」、「人（女子）とは、成年、未成年を問わないが、その行為を卑わいなものとして感じ得る能力を有する者であることを要する。したがって、幼女は含まれず[29]」とあり、現在も同様に運用されていることがわかる。

女性なら誰でも対象になるわけではなく、性的恥じらいを抱く「能力」も必要だという見解から思い出されるのは、性暴力犯罪で問題にされることの多い「被害者資格」である。被害者の属性や性経験によって、同じ「被害」を受けても、それが犯罪被害と認められず、また、その程度は軽いと判断される問題である[30]。「性的恥じらい」も、そのような、「被害者資格」と密接な関係にある。恥じらうという言葉から連想されるのは、若くうぶな女性であろう。性経験のある女性や、年配の女性、あるいは男性は「性的恥じらい」という言葉と結びつきにくい。

## 条例上の被害者とは誰か

迷惑防止条例は、性的羞恥心を感じ得ない年齢の子どもを、被害者として想定していない。それは、女児が電車内で体を触られるという被害があっても、その女児は性的羞恥心を感じたとはみなされないから、その女児を被害者として、痴漢行為を行った加害者を条例違反で検挙することはできないということである。[31]

しかし、条例制定時に作成された取締りにあたる警察官向けの条例の解説によれば、「婦女に対するものであれば、直接たると間接たるとを問わないから、行為者が婦女の認識しうるものであることを知ってなす場合には本項にふれると解すべき[32]」だという。これはどういうことだろうか。東京都条例の立案者は、以下のように説明する。

本項は、被害者は、婦女であることを要件としてはいても、行為の直接的な対象となった当該婦女であることを必要としていないので、著しくしゅう恥しまたは不安を覚える婦女が、公衆の概念によって律すべきものでない限り、本項違反の成立を認めるべきであろう。例えば、母親に連れられている幼女に対し、本項違反の行為が行われた場合、当該行為の対象となった幼児に対しては、本項違反は成立しないとしても、当該幼児と直接的な関係を持つ母親は、公衆の中の女性ではなく、当該行為と相当因果関係にある婦女として著しくしゅう恥しまたは不安を覚える限り本項違反が成立するものと解する。[33]

大阪府警察本部も同様の解釈を通達しており、[34]この解釈は、条例が制定されていた全ての都府県に共通するものであった。条例で明確に痴漢行為が禁止されている現在も、警察実務では条例立案当初と同様の解釈で、条例が運用されていると考えられる。[35]つまり、母親と一緒にいた女児に痴漢行為を行った場合、その女児は被害者にならないが、女児を連れていた母親が被害者になるというのだ。

性被害を目撃することは、自分が直接被害を受けたわけではなくても、二次受傷というトラウマ体験となり得る。だが、この条例で、娘が痴漢被害に遭っているのを見た母親が「間接的な被害者」となるのは、そうした視点からではなく、痴漢被害を目撃して「性的恥じらい」を感じると想定されているからである。痴漢行為が、性暴力ではなく、性的行為と同じものとして考えられているということであろう。

先述したように、電車内で起こった痴漢事犯には、その程度や態様により、刑法の強制わいせつ罪か条例違反が適用される。しかし、「間接的な被害者」をめぐる解釈からは、条例の定める痴漢行為は、強制わいせつ罪よりも、公然わいせつ罪に該当する行為に近いものに思われる。事実、条例制定時には、迷惑防止条例の卑わい行為の禁止条項は、強制わいせつ罪ではなく、公然わいせつ罪と密接な関係にあると考えられていた。[36]「間接的な被害者」が現在も想定されているということは、条例は痴漢被害を、個人の性的自由の侵害行為ではなく、公的空間の性的秩序を乱すものとみなしているということではないか。そこに、痴漢被害に遭ったこと自体を、わいせつなものとして非難する、性被害の被害者を責める視点は入っていないだろうか。

## 恥じらいという性的規範

一九九九年に鹿児島県で迷惑防止条例が制定される際、卑わい行為の客体の性別を限定しなかったのを皮切りに、客体の性別について条例が改正され、現在、すべての都道府県において、被害者・加害者についての性別の規定はなくなった。そのため、条文上は、「羞恥」という感情も性別を問わないことになる。

一九九九年頃まで条例の定める被害者が女性に限られていたのは、男性が被害に遭うこと自体が想定されていなかっただけではない。男性にも性的羞恥心を有する「能力」があるというのであれば、幼女に対する痴漢行為を幼女を連れている父親に対する行為とみなし、間接的な被害者に男性も想定されていたはずである。しかし、女児が痴漢行為をされているのを、男性が見てもその男性は被害者とはならず、女性が見た時のみ被害者になるのであった。つまり、男性は羞恥心を抱く存在として想定されておらず、性的羞恥心は女性にのみ想定される感情だということなのである。現在は、痴漢行為の被害者は性別を問わず、条例違反として立件可能である。ならば、男性も同様に、痴漢行為によって「性的恥じらい」を感じる存在であるとみなされているのだろうか。

条例改正の議論では、客体の性別を不問にすることについて、「現行では、禁止行為の客体が『婦女』に限定されておりますが、男児、男性に対する同種行為による被害実態が認められることから、男女を問わず『人』に対する卑わい行為を禁止する内容に改めようとするもの[37]」と、説明されているが、これは直接的な被害者に限定された説明である。ここで、「男児に対する同種行為」とのことであるが、男児であっても「性的恥じらい」を感じる能力が必要であることには変わらない。かつて女児は卑わい行為の被害者になり得ないとされたのと同様、男児もまた、条例が定める「人」として認められないはずであるが、条例改正の議論では、そのことに触れられていない。

条例がその要件として「羞恥」を求めているのであれば、条例によって取締られる事件の被害者は「羞恥」していなければならない。第二章で見た、痴漢被害に遭い、警察に届け出た当事者の違和感を思い出してみよう。被害者の実感とかけ離れた規定によって、痴漢行為が禁止・処罰されていること自体が、当事者にとっては暴力ではないだろうか。

## なぜ条例なのか

現在、すべての都道府県に、「卑わい行為の禁止」を有する迷惑防止条例があり、これによって全国で痴漢行為は禁止されている。東京で最初に条例が制定された際、法律ではなく条例で迷惑行為を禁止する意義は、都市化やオリンピック開催に伴う東京都独自の問題に対応するものとして主張されていた。また、条例制定当時から、条例ではなく法律で規制すべきだとの指摘もされており[38]、全国に同様の条項が置かれている現在、法律ではなく条例で禁止することの意味は再考されるべきであろう。

鹿児島県では、ストーカー行為の禁止条項を盛り込んだ迷惑防止条例を新設する際、ストーカー行為は条例ではなく法律によって規制されるべきであるという議論があった。しかし、「国による立法の目途が具体的に明らかにされていない以上」、条例制定による犯罪化は警察の責務であるという認識により、条例が制定されたのだという[39]。警察が率先して、条例の制定・改正を行い、迷惑行為の取締りを行うことは、以下のような側面から評価されている。

その時点において、当初法律が想定していない迷惑行為について迷惑防止条例で規定する。その後、法律ができて直接的に規制できるという経緯が繰り返されてきた。そのため、多くの迷惑防止条例が何度も改正されている。その視点で捉えると、迷惑防止条例は、国に先駆けて地方自治体や警察の創意工夫により制定されてきた能動的な要素を持つ条例である[40]。

ならば、五〇年以上前から禁止され、全国で積極的に取締りが行われている痴漢行為が、いまだ法律ではなく、地方条例によるのはなぜなのか。「国」は、痴漢行為を禁止しようとは考えていないからではないだろうか。

また、警察の性暴力認識に基づいて立案された条例によって、痴漢行為が取り締まられることの問題も大きい。女性に対する性規範が盛り込まれ、性的自由を軽視し、被害者資格を問うような条例は、これまで批判されてきた、警察の性暴力被害者に対する姿勢そのものといえる。女性に限らず、性的自由の保護のためにも、迷惑防止条例は根本的に再考する必要がある。

1 榧野敏雄「ぐれん隊防止条例の立法状況　制定気運、全国的にみなぎる」『捜査研究』1963　134　13頁
2 郡山孫太郎「東京都ぐれん隊防止条例の立法事情と現在の状況」『捜査研究』1963　134
3 乗本正名「公衆に著しく迷惑をかける暴力的不良行為等の防止に関する条例の制定について（1）」『警察研究』1962　33（11）60頁
4 「ぐれん隊防止条例施行後の繁華街の状況」『自警』1963　45（2）47頁
5 乗本正名・石川三郎・原田達夫『公衆に著しく迷惑をかける暴力的不良行為等の防止に関する条例解説』1962　立花書房　41頁
6 乗本正名・石川三郎・原田達夫『公衆に著しく迷惑をかける暴力的不良行為等の防止に関する条例解説』1962　立花書房　42頁
7 『朝日新聞』1962.9.8　15面
8 条例施行後一年間の警視庁の条例違反取締り状況を見ると、ぐれん隊行為検挙者1302名中、暴力団関係者は、49名（3・8％）。ダフ屋行為検挙者261名中暴力団関係者は182名（66・7％）、ショバヤ行為検挙者27名中暴力団関係者22名（81・5％）と比較すると、ぐれん隊行為は、暴力団

関係者の検挙件数割合は他の条項違反に比べて格段に低い（警視庁防犯部防犯課「ぐれん隊防止条例の取締面からみた少年の問題」『青少年問題』1964　11（3）　44頁）。

9　乗本正名・石川三郎・原田達夫『公衆に著しく迷惑をかける暴力的不良行為等の防止に関する条例解説』1962　立花書房　84-85頁

10　「ぐれん隊防止条例施行後の繁華街の状況」『自警』1963　45（2）　48頁

11　石川三郎「警視庁の『ぐれん隊防止条例』施行1ヵ月の結果」『捜査研究』1963　134　74頁

12　警察庁保安局「『ぐれん隊防止条例』の発足と成果」『捜査研究』1963　134　31頁

13　『サンデー毎日』1962.8.12　15頁

14　「狙われる通勤女性」『週刊サンケイ』1958.7.20

15　『判例タイムズ』1964　15（1）　164-165頁　本件非行事実は1963年7月5日のものであるが、同年5月14日に国鉄電車内で「女性を著るしくしゅう恥させる行為をなし」たとして検挙されており、5月の検挙も同条例違反によるものであると考えられる。

16　『朝日新聞』1965.7.12　東京夕刊　11面

17　『読売新聞』1964.8.18　夕刊　6面

18　牧瀬稔「条例から捉える社会安全政策の現状（第3回）～『迷惑防止条例』の意義と現状」『捜査研究』2010　704

19　盗撮行為の場合、都道府県によって、条例が禁止する場所の規定が異なる。たとえば、学校の中で盗撮が行われた際、条例違反として処罰可能なところとそうでないところがある。

20　卑わいな行為の罰則が強化されたのは、東京都では2001年のことであり、「5万円以下の罰金又は拘留若しくは科料」が「6月以下の懲役又は50万円以下の罰金」に、常習にあっては「6月以下の懲役又は20万円以下の罰金」から「1年以下の懲役又は100万円以下の罰金」に、引き上げられた（重久真毅「最近の迷惑防止条例の改正動向」『Valiant』2003　21（6））。

21　乗本正名・石川三郎・原田達夫『公衆に著しく迷惑をかける暴力的不良行為等の防止に関する条例

解説』1962　立花書房　43頁

22　合田悦三「いわゆる迷惑防止条例について」小林充先生佐藤文哉先生古稀祝賀刑事裁判論集刊行会編『小林充先生　佐藤文哉先生　古稀祝賀刑事裁判論集　上巻』2006　判例タイムズ社　523頁、杉本一敏「いわゆる迷惑防止条例における『卑わいな言動』の罪」『刑事法ジャーナル』2009　15　138頁、坂田正史「迷惑防止条例の罰則に関する問題について」『判例タイムズ』2017　1433　27頁

23　合田悦三「いわゆる迷惑防止条例について」小林充先生佐藤文哉先生古稀祝賀刑事裁判論集刊行会編『小林充先生　佐藤文哉先生　古稀祝賀刑事裁判論集　上巻』2006　判例タイムズ社　523頁

24　大阪府警察本部刑事部・防犯部「暴力的迷惑行為防止条例違反被疑事件捜査の手引」『捜査研究』1963　134

25　乗本正名・石川三郎・原田達夫『公衆に著しく迷惑をかける暴力的不良行為等の防止に関する条例解説』1962　立花書房　43頁

26　乗本正名・石川三郎・原田達夫『公衆に著しく迷惑をかける暴力的不良行為等の防止に関する条例解説』1962　立花書房　47頁

27　「『婦女』とは、成年、未成年を問わないが、しかし、婦女は卑わいな言動の相手方であるから、その言動を卑わいなものとして感じうる能力を有する者であることを要する。したがって、幼女に対する行為は含まない」（大阪府警察本部「大阪府めいわく防止条例及び解説」『捜査研究』1963　134　88頁）

28　小川賢一編著『警察官のための充実・犯罪事実記載例――特別法犯――〔新訂版〕』2011　立花書房　61頁

29　警察実務研究会「クローズアップ実務　青年警察官の執行力向上を目指して　地域警察官のための軽微犯罪の措置要領　第18回　子どもと女性の安全を脅かす罪（その1）」『Ｋｅｉｓａｔｓｕ　ｋｏｒｏｎ』2010　65（7）　58頁

30 角田由紀子『性差別と暴力　続・性の法律学』２００１　有斐閣　１８９‐１９７頁

31 警察実務のための教養誌には、８歳の女児に対する痴漢行為を条例違反として扱った事件が存在するとある（警察実務研究会「クローズアップ実務　青年警察官の執行力向上を目指して　地域警察官のための軽微犯罪の措置要領　第19回　子どもと女性の安全を脅かす罪（その２）」『Ｋｅｉｓａｔｓｕ　ｋｏｒｏｎ』２０１０　65（８）　70頁）。

32 乗本正名・石川三郎・原田達夫『公衆に著しく迷惑をかける暴力的不良行為等の防止に関する条例解説』１９６２　立花書房　47頁

33 乗本正名「公衆に著しく迷惑をかける暴力的不良行為等の防止に関する条例の制定について（２）」『警察研究』１９６２　33（12）　35‐36頁

34 大阪府警察本部「大阪府めいわく防止条例及び解説」『捜査研究』１９６３　１３４　88頁

35 警察実務研究会「クローズアップ実務　青年警察官の執行力向上を目指して　地域警察官のための軽微犯罪の措置要領　第18回　子どもと女性の安全を脅かす罪（その１）」『Ｋｅｉｓａｔｓｕ　ｋｏｒｏｎ』２０１０　65（７）　58頁、藤永幸治編集代表『シリーズ捜査実務全書９　風俗・性犯罪』２００７　東京法令出版　３７２頁

36 １９６３年の大阪府警察本部「公衆に著しく迷惑をかける暴力的不良行為等の防止に関する条例の解釈運用について（通達）」には、「本条第１項と刑法第１７４条（公然わいせつ罪）との関係は、法条競合である。したがって、公然わいせつ罪が成立する場合には、本項の罪はこれに吸収される」とある（大阪府警察本部「大阪府めいわく防止条例及び解説」『捜査研究』１９６３　１３４　90頁）。

37 末綱隆・警視庁総務部長の発言「東京都６月定例議会　警察・消防委員会」２００１．５．29

38 佐伯千仭「迷惑防止条例」『立命館法學』１９６４　53　10頁

39 田島浩治「鹿児島県における不安防止条例の制定とその効果　ストーカー被害の対策のために」『警察公論』２０００　55（４）　30頁

40 牧瀬稔「条例から捉える社会安全政策の現状（第３回）～『迷惑防止条例』の意義と現状」『捜査研究』２０１０　７０４　18頁

今に語り継がれる「チカンは犯罪です」のコピーは、1995年大阪府警鉄道警察隊作成のこのポスターから。手錠を配し、犯罪だということをアピール。撃退法は、「ヒールで足を踏む」「肘鉄をおみまいする」と、力強い。とはいえまだまだ「迷惑行為」扱い。
（「性暴力を許さない女の会」提供）

加害者に向けたポスター。痴漢で捕まれば、一生を棒に振ることになるから止めなさいという論法。痴漢は「一瞬の過ち」ではなく、ターゲットを選び、計画的に痴漢行為に及んでいることは、警察の痴漢被害防止キャンペーンでよく言われることのはずだが。
（2015年撮影：大阪）

# コラム 「痴漢撲滅系ポスター」のメッセージを検証する

「私たちは許さない！」の意味は、乗客に、痴漢を許すなということ。その一方で、ポスターを作った警察の痴漢に対する姿勢は弱腰。痴漢の被害は相談窓口へ。痴漢は犯罪ではなかったの？
（2019年撮影：京都）

盗撮被害防止ポスター。ちょっとむくれた女性の表情やポージングが、むしろ性的な誘いになっているようで、逆効果では。盗撮犯とおぼしき男性が「ドキッ!!隙がない!!」と驚いているが、驚くもんなんですか？
（2019年撮影：京都）

遠目には、何を伝えるポスターなのか皆目わからない。近づいてみると、下部に小さく、痴漢被害相談の連絡先。痴漢防止ポスターらしいとわかっても、絵とコピーの意図がわからない。被害者に助けてと言うように促しているのか？　「動けます」は誰のことなのか。
（2017年撮影：京都）

江戸時代の高札を模した図柄で、大阪府の迷惑防止条例の痴漢に関する条項を掲載。「『チカン追放』に皆さまのご協力をお願いします。」とあるが、乗客は具体的に何をすればいいのか、わからない。警察の「厳しく取り締まります」というメッセージはどこに？

(2019年撮影：大阪)

2018年度の、関東地エリアの警察と鉄道事業者の痴漢撲滅キャンペーン用ポスター。毎年作風の異なるポスターが話題に。若く可愛い女性が被害に遭い、乗客が協力する様子が描かれる。加害者が描かれず、痴漢被害のリアリティも感じられない。

(2019年撮影：東京)

「カメラがあなたを狙ってる！」カメラを主語にすることで、加害者が不可視化される。当事者に、制服姿の女子中高生を性的に見るという加害者の視点を内面化するよう要求し、その視点から自衛しろと迫る。女子中高生を性的に搾取する視点が問題だというのに。

(2017年撮影：愛知)

京都府警山科警察署作成の駅貼りポスター。白地に白シャツで、人物が背景に埋もれて、写真のインパクトがない。手錠をかざし、手で制止するポーズをとっている二人の女性警察官は､笑顔で加害者に｢あかん！」｢絶対に捕まえたるでぇ!!」。

(2015年撮影：京都)

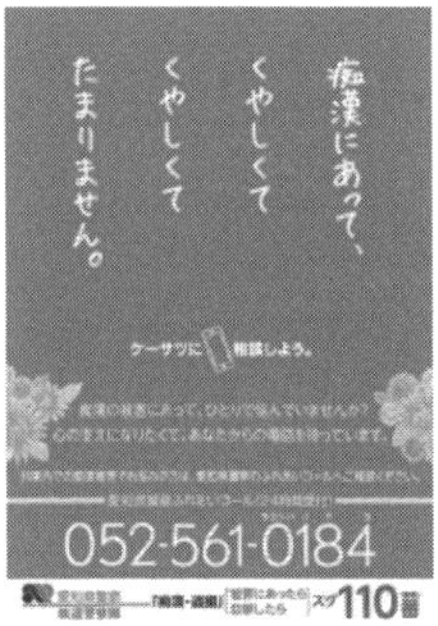


2019年愛知県警鉄道警察隊。悩み相談コーナーのお知らせかと思うゆるふわ感。「痴漢被害でお悩みの方は」「ご相談ください」。一方で、「痴漢・盗撮被害にあったら目撃したらスグ110番」相談？　110番？　１枚のポスターに違うことが盛り込まれていて混乱。

(2019年撮影：愛知)

# 2.

# 痴漢の社会史
## 痴漢はどう語られてきたのか

## I　戦後から一九六〇年代〜電車内痴漢という被害

第一部では、事件としての痴漢を、犯罪統計や条例の制定や運用の面から見てきた。「痴漢は犯罪です」というコピーは、痴漢行為が処罰対象であることを告げる一方で、犯罪とはみなされていない現実があることを語ってもいる。第二部では、戦後から現在までの日本における痴漢言説をたどることで、痴漢がどのように語られ、痴漢被害者／加害者の置かれた日常がどのようなものであったのかを見ていく。

### 痴漢被害が日常となる女性たち

一九一二年（明治四五年）一月二八日の『朝日新聞』は、一月三一日から、東京の甲武線に婦人専用車が運行されることを報じた。女子学生が男子学生と混乗するのは風紀上好ましくないとされたことに加え、女子学生への痴漢行為も問題になっていたからだという。[1] 一九二〇年代になると、電車内での痴漢行為を咎められた男性が車掌を殴打した事件も起きる等、[2] 女性が電車内で男性から「悪戯」をされるのはすでに日常茶飯事であった。[3] 戦後にいたっても、女子学生が通学電車内で「いたづら」の被害に遭うことが多く、警察も対応を迫られる問題となっていた。[4] 働く女性の増加に伴って、電車で通勤する女性が増えると、通勤電車の中での痴漢が切実な問題として女性たちに降りかかった。

戦後の雑誌は、電車をはじめとして、女性たちがあらゆるところで痴漢被害に遭っている様子を伝えている。五四年に「痴漢はあなたのそばにもいる…」という特集を組んだ『婦人朝日』では、「何らかのイタズラをされた経験をもたぬ婦人はないといえるほどです」[5]と、女性に対する痴漢が常態であると述べる。この特集では、横浜市立教育研究所の岡田寅次が、約四〇〇〇人の生徒を対象にした調査結果から、電車やバス等での性的被害が都市部に多いこと、混んでいる車内での被害が多いものの、空いている車内でも被害に遭う危険があることを報告している。また、警視庁防犯部長の養老絢雄は、「エロ的風潮を追放せよ」という論考を載せ、その中で、警察が把握しているケースについて、通学電車の中で毎日のように「いまわしいいたずら」をされる女子学生からの訴えがあることを紹介し、「被害者がまったく文字通りの被害者であって、これらの人々には何らの責をも帰し得ない場合が多い」[6]と述べる。

その二年後、『週刊読売』[7]は、「娘は外でなにをしている　サラリーガールの生活と意見」と題した特集を組んだ。サラリーガールと呼ばれていた会社勤めの女性たちに行った取材に基づき、最大公約数的な女性像A子さん（二四歳）の日記を読むという体裁で、彼女たちの日常を紹介する企画である。A子さんは通勤時は婦人専用車に乗る。なぜなら「A子さんにとって、身ぶるいするほどきらいなのは、いわゆる〝H族〟だ。かつてもみくちゃのラッシュ・アワーで、高校を出たばかりの彼女は、中年男のイタズラに人生観が変るほどのショックをうけた」[8]からである。取材対象となった女性たちの通勤電車内での痴漢経験が、A子さんに反映されているのだ。

五八年六月、東武宇都宮線でも、痴漢被害防止のため、婦人専用車の運行が開始された。それを受けて『週刊サンケイ』では電車内の痴漢事件について、婦人専用車への声、警察の対応、防犯対策等について、八ページにわたる特集を組んだ。そこでは、痴漢の取締りには、器物損壊罪か軽犯罪法を適用するしかなく、実質的に痴漢行為を禁止する法がないことが、痴漢が後を絶たない原因の一つであると述べられており、公的な対応の必要性が主張されている。[9]

痴漢被害が女性にとって切実な問題であることは警察も承知しており、六二年の『サンデー毎日』には、警視庁防犯課が痴漢対策に頭を痛めていることが紹介されている。[10]警視庁が「職業婦人及び女子高校生」一〇〇〇人に対して行った調査によれば、電車内での被害に限らないものの、六一年中一・七人に一人の割合で痴漢被害に遭っており、被害ののべ回数では、一人の女性が年間一・一五回の被害を受けたことになるという。[11]警察は、車内での被害を防止するために、被害に遭いやすいドア付近を避けることや、被害に遭ったら早めに声をあげたり場所を移動するように指導しているが、[12]功を奏したとはいえなかった。

男性誌でも、電車通勤の女性で痴漢被害に遭わない者はいないという認識は、広く示されていた。『週刊大衆』は「女性はオール経験者」であると見出しを打ち、BG（ビジネスガール）の、電車の中で痴漢被害に遭ったことのない女性は一人もいないというコメントを紹介している。[13]

警視庁防犯課が六八年八月に実施したという「交通機関内のチカン被害」結果を紹介しているのは、『アサヒ芸能』である。「特別調査　東京BGが告白した痴漢被害度」と題して、七二％の女性が一年以内に被害に遭ったことがあると伝えている。[14] このように、女性が痴漢被害に遭っていることは、男性も知るところであった。

痴漢被害が多いということを、男性側から書いた記事もある。「男性総痴漢論」は、捜査機関への取材や性犯罪統計をもとに、「ある情況にたたされると、平常人が〝突然に〟痴漢に急変する」[15] と述べる。その見出しは「男はみんな経験者」である。また、ドイツ文学者の高橋義孝は『週刊現代』での警視総監の原文兵衛との対談で、「男の数が日本全人口の半分として、五千万総痴漢。(笑)」[16] と言い、笑い合っている。男性はみな痴漢であるかのような言い方が、当然のようにされていた。

## 被害が届けられない痴漢事件

痴漢被害は他の性被害と同様、公的機関に届け出られることが稀で、いわゆる暗数の多い被害である。痴漢から身を守るためにと企画された一九五九年『女性自身』の特集「痴漢は一〇〇％男性の罪か」では、性犯罪統計を紹介しつつ、「電車内の痴漢が、ほとんど被害届されていないと見てよい」と解説されている。[17]

六二年一一月、東京都で、東京オリンピックに向けて街頭から小暴力を排除することを目的にした「公衆に著しく迷惑をかける暴力的不良行為等の防止に関する条例」が施行される。その第五条第一項の「粗暴行為（ぐれん隊行為等）の禁止」は、路上や電車内で婦女に恥ずかしい思いをさせたり、不安を与えるような行為を禁止したものであるが、電車内での痴漢被害が多いことはそれまでにも十分把握されていたにもかかわらず、そうした痴漢行為を取り締まるために制定されたものではなかった。東京に続き、大阪や北海道等でも同様の条例が制定された。

痴漢行為を禁止したものではなかったとはいえ、条例の施行によって、電車内の痴漢行為は抑えられたようで、大阪府警は府民からの反響として、BGの「車内でいたずらをする人が少なくなったように思う」という声を紹介している。[18]そして、条例の施行後まもなく、電車内の痴漢取締りにも迷惑防止条例が適用されるようになった。被害者が加害者を突き出したケースはもとより、集中取締りも行われるようになり、その取締り状況は新聞でも報道された。[19]

迷惑防止条例はすべての自治体にあったわけではないとはいえ、痴漢は犯罪として取締りが可能にはなっていた。しかし、警察への痴漢被害の届出数が増えたわけではなかった。六七年の『週刊サンケイ』は、電車内の痴漢被害に遭って声をあげるのは被害者全体の一〇〇分の一程度だという鉄道公安係員のコメントを紹介している。[20]『週刊新潮』[21]も、電車内の痴漢被害は「実に多い」にもかかわらず被害申告はほとんどないという警視庁担当者のコメントを紹介し、被害が潜在化していることを伝えている。

## 作家たちの痴漢論

一九五〇、六〇年代の雑誌には、作家や漫画家による、痴漢を肯定する論考が多く掲載されている。

作家の有馬頼義は、五八年に『婦人公論』に寄せたエッセイ「痴漢論――痴漢は匿名批評家か――」[22]で、女性は痴漢の被害者ではなく、一種の共犯者であると述べる。それは、痴漢被害に遭ったことを「仲間に話す女の人の心の中に、自慢のようなものが絶対にないと言えるだろうか」と、被害に遭うことが女性としての評価に繋がることを当事者もわかっていることに加え、「実質的な被害が後まで残らない」ということや、加害者である痴漢の方に、「必ずしも性的な動機がない」からだという。ここでいう性的な動機とは、射精目的を指しているらしく、したがって、「混んだ車内で女の人のからだに触ったりすることは、性的な意味よりは、むしろ精神的な遊びの要素の方が大きい」と有馬は書く。善悪の問題を除外すれば、男性にとっての痴漢行為は、「女の人が特売場で、買うか買わないかわからない品物を持ったり撫でたりするのと、大して違いはないと思う」ともいう。

作家梶山季之によるエッセイ「梶山季之の体験的痴漢論」では、「私は、痴漢的な素質のある方が、男性としては、マトモだと思う。（中略）お尻や乳房に触ったり、手を握ったりする位は、女性も大目にみて貰いたいと思う。痴漢に触られたこともないほど、肉体的に〝魅力〟のない女であるということは、悲しむべきことではないですか[23]」と、男性の痴漢行為が肯定される。男性の痴漢行為を正当化するために、痴漢は女性の「肉体的」魅力ゆえであると主張がされているのである。

『アサヒ芸能』では、作家の泉大八がインタビューに答えて、痴漢は「簡単な自衛手段をこうじれば、いくらでも防げる」のに、ことさらに騒ぎたてるのは「男のタッチを自分への魅力としてとらえられない、劣等感の強い、気持ちに余裕のない女」だと述べている。[24]また、痴漢被害を訴える女性について、「身勝手な女性は、まだ、もそもそタッチしてる男に腹をたて、そして痴漢呼ばわりすることもありますね」と述べている。痴漢だと言われるのは触り方がヘタだからだというのだ。

漫画家富永一朗も、独自の痴漢論を披露する。富永は、「チカンとは、男にコビを売るようなスタイルをした女にサービスする男なり。しかしてチカン的行為とは、その優雅な精神の直接的な発露なり」[25]と、痴漢は、女性が誘い、男性がそれに応じた行為にすぎないばかりか、女性に対する「サービス」であって、加害などではなく、好意的な行為であると主張している。

漫画家の近藤日出造、杉浦幸雄が、作家吉行淳之介をゲストに「痴漢道」を語り合う『漫画サンデー』の「歩く座談会」では、痴漢行為をする男性を評価し、女性も痴漢行為を待っているのだと言い合う。[26]

近藤　男が望み、女が期待してやまない行為。なぜその、万人共通の欲望、共通の行為が、痴漢という一言で罰せられるのか

杉浦　金持ちの狒々おやじが金使ってやるのはあたりまえで、若い者が金出さないでやると痴漢。ヘンじゃねえか

吉行　痴漢が気の毒ですよね　（二四頁）

吉行　とにかく、いたるところに痴漢あり、ふつうの顔の女だったら、かならず痴漢の痴的行為の対象になった経験があるでしょうね

杉浦　痴的行為の対象になったことがないその点わたしはぜんぜんきれいよ、なんての、女の恥ですよ

近藤　痴漢すらがみとめてくれない女は、いてもいなくても、という女。だから、女ってものは、いくつになっても、痴漢にやられた、痴漢に追っかけられた、ということを誇らしげにしゃべる

吉行　えらばれた人のように思うんでしょうね　（二六頁）

ここでも、痴漢は、性行為の一種のように考えられており、触られる女性にとっての迷惑や、ましてや暴力であることには思い及ばない。記事に添えられたイラストのキャプションには「痴漢とは健康人のこと」とある。

六八年、小説家筒井康隆が[27]『小説現代』に今でいう痴漢冤罪をモチーフにした小説「懲戒の部屋」を発表する。目次の紹介文は「通勤ラッシュに降って湧いた痴漢の冤罪、女上位の恐る

べき近未来図」とある。当時は、今のような痴漢冤罪問題は起きておらず、社会問題をテーマにした小説というわけではなかった。この作家の想像力があますことなく駆使された作品だといえよう。

## 痴女の発現

想像力はとどまることなく、この頃から、男性の痴漢がいれば女性の痴漢（＝痴女）もいるはずだとして、痴女を紹介する記事も出てきた。「Hな男たち！　あたしをナメないで　痴漢への逆襲を楽しむ〝痴女〟の日記」[28]「痴女の季節──男性こそ被害者だ」[29]等である。しかし、そこで取り上げられる痴女の定義は一様ではなく、「いっぽうのねらわれた痴女も痴女たちだ」と、痴漢被害に遭った女性を痴女と呼ぶ場合もあった。[30]いずれにしても、女性は痴漢被害に遭うことを喜んでいるという思い込みがみられる。

六二年七月一〇日『毎日新聞』夕刊に、筆名「J」による「痴女の季節」と題されたコラムが掲載された。

婦人が痴漢によっておびやかされているという訴えをするなら、男は痴女によって心理的にナブラレているという訴えをしたい。

いったい、女性がヒザの上まで足をむきだしにしたり、胸の肉づきを誇示したりするのはだれに対してなのか。それは異性への挑発行為であると解するほかはないのだが、だとすると、彼女が痴漢におびやかされるのは、所期の目的を果たしたことになるわけである[31]。

ここでは、肌を見せる女性を「痴女」と呼び、男性は彼女らになぶられているのだと述べる。その上、痴漢を行った性暴力加害者と、着たい服を着ているだけの女性を同列に並べて、男性もまた、女性の肌の露出によって挑発される被害者であると述べてもいる。その上で、女性が痴漢の被害に遭うのは、目的を果たしたことになるといい、痴漢行為の責任を女性に求めるのである。こうした見解が、大手新聞のコラムとして書かれたことの反響は大きく、『サンデー毎日』では、このコラムを読んだ読者からの投稿を紹介している。それらの大半が、コラムと同様に女性が肌を露出することに批判的なもので、投稿者の年齢は「申し合わせたように五〇才以上」だったという[32]。

1 『朝日新聞』1912.1.28 5面
2 『読売新聞』1925.12.5 2面
3 山川菊栄「資本主義の社会と性的犯罪」『女性』1928 13(2) 141頁
4 金蘭会『婦人警察官の手記』1947 中央社 176-177頁
5 「痴漢はあなたのそばにもいる…」『婦人朝日』1954.7 38頁
6 『婦人朝日』1954.7 50頁

7　「娘は外で何をしている　サラリーガールの生活と意見」『週刊読売』1956.7.29
8　『週刊読売』1956.7.29　5頁
9　「狙われる通勤女性」『週刊サンケイ』1958.7.20
10　『サンデー毎日』1962.8.12　15頁
11　乗本正名「公衆に著しく迷惑をかける暴力的不良行為等の防止に関する条例の制定について（2）」『警察研究』1962　33（12）　35頁
12　『毎日新聞』1967.6.1　都内中央版　16面
13　「潜行する『性のヒズミ』尾行調査　痴漢――それは誰の心にも棲んでいる」『週刊大衆』1965.5.20　22頁
14　「特別調査　東京BGが告白した痴漢被害度」『アサヒ芸能』1968.9.15
15　「男性総痴漢論」『日本』1960.10　71頁
16　「江戸町奉行『御用』を語る」『週刊現代』1964.7.9　88頁
17　「痴漢は一〇〇%男性の罪か」『女性自身』1959.6.5　86頁
18　大阪府警察本部防犯部「めいわく防止条例施行前と施行後における暴力的迷惑行為等の実態について」『捜査研究』1963　134　172頁
19　『読売新聞』1964.8.18　夕刊　6面、『朝日新聞』1965.7.12　夕刊　11面
20　「大黒柱の父親が〝痴漢〟だった驚き」『週刊サンケイ』1967.10.31
21　「痴漢の刑罰が軽すぎる」『週刊新潮』1969.8.30
22　有馬頼義「痴漢論――痴漢は匿名批評家か――」『婦人公論』1958.8
23　梶山季之「梶山季之の体験的痴漢論」『文藝春秋　漫画読本』1968.5　205頁
24　「特別調査　東京BGが告白した痴漢被害度」『アサヒ芸能』1968.9.15
25　「潜行する『性のヒズミ』尾行調査　痴漢――それは誰の心にも棲んでいる」『週刊大衆』1965.5.20　20頁
26　「近藤日出造・杉浦幸雄の歩く座談会　238　痴漢道」『週刊　漫画サンデー』1964.4.29

27 筒井康隆「懲戒の部屋」『小説現代』1968．6
28 「Hな男たち！　あたしをナメないで　痴漢への逆襲を楽しむ〝痴女〟の日記」『週刊大衆』1967．12．7
29 「痴女の季節——男性こそ被害者だ」『週刊現代』1965．8．5
30 「あなたの回りの痴漢・痴女情報」『文藝春秋　漫画読本』1968．5　195頁
31 『毎日新聞』1962．7．10　夕刊　7面
32 『サンデー毎日』1962．8．12　15頁

## 2　一九七〇年代〜悩まされる女性たち

### 女性たちの痴漢情報の共有

一九七〇年代に入ると、女性たちはますます痴漢に悩まされるようになった。女性誌では、痴漢撃退法や体験談を共有する特集がしばしば組まれた。七五年『婦人公論』の「体験集　今朝の痴漢はこんな男でした」には、「こんな話、女の子以外にしたことないのよ。男のひとはニヤニヤ笑うだけ。女の子はマジメに聞いてくれるから不愉快な気持が発散するの」とあり、被害経験を聞いてもらう場があることが、被害者にとって救いになっているということがわかる。男性と女性の聞く態度の違いについても言及されており、性被害を「ニヤニヤ」して聞く男性の態度が、被害女性にとって二次被害になり得ることが書かれている。取り上げられているのは、二〇代女性五人の体験談で、その場で声を出せない様子や、身動きできない状況を利用する加害者の悪質さ、教えられる自衛方法の無意味さ、被害に遭った日は一日中気分が悪いこと等、被害女性の実感がこもった体験が記されている。

『女性セブン』の「実例から学ぶ痴漢強力撃退法」は、「満員電車につめこまれて、それでなくても不愉快な通勤通学をしいられている私たちなのに、そのうえオッパイにさわられたり、お尻をなでられてはたまったものではありません」「これまでに被害にあった女性たちの体験から、痴漢撃退の秘訣を研究してみました」[2]と、痴漢は女性にとっては迷惑なものであり、「被害」に他ならないという前提で書かれた記事である。撃退法として、電車の中でサラリーマン風の男性が勃起したペニスに女子高校生の手を触らせようとしたので、彼女が服につけていた高校のバッジを外してそのピンで刺すそぶりを見せると、痴漢は「あわてて（引用者注：ペニスを）しまってしまった」[3]という事例が紹介されている。

痴漢に日々閉口している女性たちに向けた記事「痴漢の季節——手口と防御法アノ手コノ手全公開」（『ヤングレディ』）では、「毎日毎日、満員電車につめこまれて、ピクッともできない状態をしいられているというのに！　あげくのはてにオッパイやお尻をさわられちゃうんではたまらない、許せない」[4]と、被害に遭っても声を出せない女性が大多数であることを、被害者の声を紹介して説明している。

『週刊女性』の特集「あなたの隣にいる男性も痴漢!?」も、「たくさんの人の中で、大きな声はなかなか出せない」[5]という、当事者の立場から撃退法を考える記事である。痴漢の代表的な手口も紹介されており、被害に遭いやすい車両や路線、時間帯、対処法について、被害を防ぎたい女性たちに向けた情報が提供されている。記事を通して、女性にも非があるとか、女性も痴漢を楽しんでいるという記述はなく、痴漢は性被害であるという前提に立った記事である。

『ヤングレディ』「大研究　男が痴漢に変貌するとき　美人と劣等感の強い女は狙わない！」は、

痴漢常習者への取材を元にした記事であり、詳細な手口の紹介もされている。[6] 作家泉大八が「満員電車の中で痴漢を楽しみ、ささやかにストレスを解消してるんですよ」「痴漢こそもっとも現代的な恋愛」「女性の側にだって、そういう心理はあると思う」というコメントを寄せて、男性の痴漢行為の正当化している。しかし書き手は、地の文で「ほとんどの女性にとっては、やはり痴漢はふゆかい！」と述べてそのコメントに反論し、男の身勝手さを批判する。また、痴漢は、捕まっても軽犯罪法か条例違反で罰金二、三万円の罪にしかならず、女性にとっては我慢するか「はずかしさを承知で敢然と戦いをいどむか」の二択しかないという現実が読者に示される。

このように、女性誌の痴漢特集では、痴漢は性被害であり、犯罪であり、女性にとって大変迷惑なことである、という認識が共有されている。これは男性誌とは明確に違う点である。寄せられる体験談も、痴漢行為のひどさを語り合ったり、情報を共有して、被害を食い止めようとする意図が感じられる。

## 痴漢のススメを記事にする男性誌

七三年『平凡パンチ』「〝痴漢〟の行動学研究」は、女性に向けた提案の形を取って、「いやでもからだが触れ合う満員電車の中。男ならだれでも、そばに女のコがいれば、タッチしてみたくなるんだって。どうせなら、揺れる電車にまかせて軽くタッチさせたり、されたり。ちょっぴりアドベンチュアを楽しんじゃうのも手じゃない？」[7]と、痴漢についての持論を展開している。また、痴漢の多い路線情報、痴漢常習者による体験談、女性の被害体験談、狙いやすい女性のタイプ、狙うべき部位、具体的で詳細な痴漢テクニックの紹介等があり、さながら痴漢のススメとでも言うべき記事である。そこには、痴漢が性暴力、ましてや犯罪であるという認識は見られない。なにしろ、痴漢に間違われないように手を上げて電車に乗っている男性を指して、「むしろオンナとしてブジョクだと思わないか」と述べるインテリ風痴漢まで登場させているのだ。[8]インテリ風痴漢はこうも言う。「痴漢行為もルールを守れば、楽しいインスタント・セックスになるはず。そのためには、キミたち女性の積極的参加が待たれるのだ！　そうして息の詰まりそうな満員電車を共に楽しむ解放区にしちゃおうよ！」。

『アサヒ芸能』の「シーズン・ルポ　努力次第であなたもなれる　これが〝憧れの痴漢〟だ見る触るを実践する先達たちのあの手この手」は、「誰もが痴漢になれる――いや痴漢にさせられるのが電車の中」と、痴漢がしやすい場所や手口を詳細に紹介している。ここでも、泉大八がコメントし、「女性のほうも密着される相手によるでしょうが、男性と同じ気持ちになっている場合が多いでしょう」[9]と、痴漢される女性の気持ちを代弁し、痴漢行為はする側される側の合意の元に行われていると述べる。

『週刊プレイボーイ』「ピンクＲＥＰＯＲＴ　’79　浅黒く小太りの男に痴漢が多い！」の趣旨は次のようなものだ。

待ちに待った〝痴漢たち〟の季節がやって来た。
なんせ電車内はムンムン、ムレムレ。おまけにシースルーもどきの薄着で、これ見よがしにデカパイやデカジリを突き出す可愛い子ちゃん。これじゃ触ってくれといわんばかり。
だがしかし、女どもは見てはいいが、触ってもらっては困るという、とっても矛盾した心理なのだ。そこで今回は、痴漢体験数一〇回の花の女子大生三人に集まってもらって〝痴漢座談会〟。イヤ、話はきくもんだねえ。女が喜ぶ痴漢のやり方もあるんだよ。[10]

被害経験者の女性に、女が喜ぶ痴漢の方法を聞き、実践に役立てようというのである。記事には、集団痴漢に遭っているのに抵抗するどころか性的に感じてよがっているように見える女性のイラストが添えられている。座談会では、被害女性から、恐怖とショックで声も出なかったという話がでているにもかかわらず、編集部は、痴漢されて女性は感じていたと結論づける。そして、「この夏の健闘を祈る」と読者をけしかける。

これらの、男性誌のいわば「痴漢のススメ」にも、女性が性被害あるいは犯罪被害に遭っているという認識はない。被害体験者に話を聞いているにもかかわらず、被害者の「声」には耳を傾けず、女性は嫌がっておらずむしろ喜んでいるのだと解釈し、自分たちの思う女性の内心を語っているのである。

『アサヒ芸能』「すけたブラウス下着がチラリ　春風さわやか〝さわり〟の季節」は、痴漢が犯罪行為だとはまったく思えないタイトルである。[11] この記事では、女性の被害体験談を二ページにわたって掲載し、痴漢の多い路線や時間、狙われやすいタイプ、触られた時の対処の仕方を紹介している。女性に比べて痴漢被害に遭うことが圧倒的に少ない男性を読者に想定している男性誌に、「被害に」遭いやすい場所や対策の情報が必要なのはなぜなのであろうか。

## 娯楽としての痴漢被害

七五年「春本番〝チカンですよ〜〟首都圏《通勤電車》各線別チカンカラー!」(『週刊プレイボーイ』)は、ポルノ女優の裸の写真とともに、彼女らの痴漢体験を、痴漢の多い路線情報と共に紹介する記事である。痴漢被害が多発している状況を、「チカン文化」と書いている。文化としてしまえば、電車の中で精液をスカートにかけられたという被害も、このような記述になる。

なんといっても、チカン線のシニセは中央線。きのうや今日に始まったラッシュじゃないから、チカンも筋金入り。射精までバッチリやってくれるが、スカートにザーメンをひっかけて女の子を泣かすようなことはしない。ちゃんとスカートをまくり上げ、中に噴射してくれる。スカートのクリーニング代だけでも助かるというわけだ。[12]

これほどまでのことをしておきながら、女性に気を配っているとでも言いたげな書きぶりだ。

『創』の巻中グラビア「風化地帯七　痴漢電車」は、痴漢目線で、狙う位置、触り方、カムフラージュの仕方を写真とキャプションで説明している。[13] 痴漢被害の多い路線ベストテンが掲載されており、一位の中央線（三鷹～新宿間）ではひと月に九六件の被害が届けられていると書く。「朝のラッシュアワーは、まさに痴漢電車が日本列島を女の嬌声を振りまきながら走りつづけている感がある」と女性の反応を「嬌声」と、女性が触られて性的に興奮し喜んでいるといわんばかりである。記事中の届出件数は、犯罪「被害」に遭っている女性の届出とは見えていないらしい。

タレントに被害体験を語らせる企画も人気のようである。「やっぱりやられてる　人気タレントの痴漢体験！」（『週刊平凡』）は、九人の女性タレントに、痴漢体験を語らせており、[14] 痴漢体験を話すことがタレントにとってマイナスの評価になるのではないことを示している。当時も、今と変わらず、性被害経験を告白することは、落ち度を責められたり、スティグマを貼付されるなど、女性にとって不利益を被ることであった。それにもかかわらず、人気タレントの痴漢の被害が語られるのは、痴漢が性被害とみなされていなかったということなのだろう。

『週刊読売』の「女も変わった　痴漢の季節　被害女性のフンガイとヨロコビ座談会」は、「その表情は、恥ずかし気あり、憤然あり、得意気あり、楽し気あり、ケロリあり――さまざまでしたが、とにかく痴漢にあったことのない女性は、女性ではないそうです。痴漢の季節‼　その手口と被害ぶりを、勇気ある四人の女性に、披露してもらいました」[15] という主旨が最初に書かれ、痴漢被害に遭っていない女性は女性ではない、つまり、被害経験が女性として認められる要件であるかのようだ。座談会で被害告白をする女性たちは、「ジャンボ」「ボイン」「色白」「美女」と外見の評価による名前が付けられて、さながら品評会のようである。ヨロコビというように、痴漢被害に遭うことが、性的快感を得たということ、女性としての魅力と評価されたととらえられている。被害女性の語りが、男性に都合良く利用され、解釈されている。

『週刊朝日』の、「キャッ　痴漢のマナー全比較　私鉄国鉄沿線別　被害女性発射オーライ座談会」は、高校生、大学生、ＯＬ、主婦、コピーライターの五人の女性に、週刊朝日の記者が司会役となり座談会形式で電車内の痴漢被害について語ってもらう企画である。[16]女性たちは痴漢の迷惑性や加害者の厚かましさやあくどさ、触ってくる手を安全ピンやコンパスの先で突いて自衛していることや、被害に遭いにくい場所などについて語り合う。明らかに痴漢を性被害として認識し、迷惑を被っているという主張である。それにもかかわらず、記者は「この人なら、さわられてもいい、さわられたら、素晴らしい気分になるというような痴漢はいませんか」と質問し、ピシャリと「いるわけないでしょ」とたしなめられている。この企画が、女性たちも痴漢を期待していることを引き出したかったのだということがわかるやりとりである。彼女たちの経験を男性の娯楽として楽しもうという編集部の意図が明らかだ。それは、被害体験を忌々しく語り、加害者に辛辣な言葉を吐く女性たちの語りと、記事のタイトル――たとえば「発射オーライ」は、男性の射精を暗示させる――との激しいギャップにも、表れている。

## 痴漢が犯罪ではなくなっていく

東京、大阪、名古屋に住む一八歳から五五歳までの女性六三一人を対象に行ったアンケート調査によると、「あなたは女性としてもっとも拒否権を発動したいものはなんですか」という質問の回答が、①酔っぱらいによる迷惑行為　②ゴミやたばこの投げ捨て　③物価の値上がり　④痴漢　となっており、痴漢は嫌なものの四番目にあげられたのだという。「痴漢は女性に好まれている!?」（『アサヒ芸能』）は、その結果から、「痴漢が四位とは、あんがい痴漢は女性から好まれているのか……などとも勘ぐってみたりして……」[17]と解釈し、それが、記事のタイトルにもなっている。「好まれている」と都合良く解釈したい目には、嫌われているから四位にランクインしているのだということが、見えないらしい。

同じ頃、『週刊現代』は、「これからふえるチカンの手口――」として、電車の中の「お尻なで」「オッパイさわり」や駅での「階段のぞき」くらいなら「さわぐほうがおかしいといってもよいのではなかろうか」[18]と、痴漢行為を告発しようとする女性をたしなめている。

「特別企画　痴漢の研究」を組んだのは、『週刊サンケイ』である。[19]もはや痴漢記事の常連作家泉大八による満員電車の痴漢についてのエッセイ、痴漢加害者、被害者への取材記事からなる。記事にある「被害」「軽犯罪行為」という文言から、かろうじて、電車内での痴漢は被害者が存在する犯罪行為であるという前提は存在しているように思われる。しかし、記事に添えられた写真は、大勢のミニスカート姿の女性を後ろから撮ったものや、ミニスカート姿の女性の下半身を狙って下からのぞき込むように撮ったもので、読者の性的好奇心を煽るものになっている。また、誌面のイラストには、「『欲望のラッシュ』で楽しむ人、人、人…」というコピーとともに、素知らぬ顔でつり革を持つ四人の男性と、女性に向かって伸びる三本の手、女性の足の間に差し込まれた男性の足が描かれる。女性は、目を閉じて恍惚とした表情をし、そのスカートはめくりあげられて下着が見え、臀部を男性の手が撫でているが、女性自ら突き出しているようでもある。そこに描かれた男女が、痴漢行為を楽しんでいるという設定なのである。泉は、痴漢は「人間の『多彩な楽しみ方』の一つ」『重労働するときの慰み』の一つ」であるという。

作家野坂昭如によるエッセイ「ビタミンSEX　現代痴漢考」（『週刊小説』）は、「痴漢というと、なにやらおぞましいけれど、たいてい一度や二度、もののはずみで、男ならしでかしてしまったことがあると思う」「自らの楽しみを求めるために、日夜努力している痴漢諸氏は、刃物沙汰を除けば、天晴れな存在ではないか[20]」と、痴漢行為を評価し、痴漢男性に理解を示す。そこにも、被害を受けている女性の姿はない。

## 男性が生み出した「痴漢を楽しむ」女性像

七三年の『週刊サンケイ』「特別企画　痴漢の研究」で「体験告白」をする痴漢常習者は、「イヤだって顔つきを見せていながら、心の中で〝もっと〟なんて思ってる女性だっていますからね。私くらいになると、ソレがわかる」と、女性の心の中を読めるのだと主張している[21]。小見出しには「相手も楽しませる〝痴漢哲学〟」とあり、「痴漢が捕まった、というような記事を見ると、なんと無粋なヤツだろうとハラがたちます」と、捕まることは女性を楽しませることができなかった証左であるかのように語る。また別の常習者は、「僕の（女性と）触れあう楽しみを痴漢というなら、誰がこんな僕にしているんだ、といいたいね。あのスシ詰め電車を楽しく通勤するためには、密着状態を〝趣味〟にしなければつとまらないんじゃないですか」と述べる[22]。痴漢をされる女性は満員電車で通勤しているうえに、同意なく他人に触られているのだが、女性については、「イヤがられたら、すぐやめますけど、いやがる女性はあまりないんですね」「もしイヤなら、それらしいソブリを見せるハズですが」と、抵抗しないということは女性が痴漢行為を受け入れているのだから問題はないという。別の常習者も、「あえて知らん顔をして楽しんでる女性もいましたね」と、女性は痴漢されてその行為を楽しんでいるのだという解釈を示している。

この特集は、痴漢被害に遭った女性のレポートにも四ページを割いている。七件の事例が紹介されているのだが、そのいずれもが、「童顔で小柄なグラマー」「プロポーションがよく、ミニスカートがよく似合う」「目鼻だちのはっきりした美人」というように、被害女性の外見の詳細な記述から始まっている。性的興奮を得たというコメントも紹介されつつ、「一般的にいえばさわられるほうは十中、八、九、いい気持ちのものではないらしい」とまとめられているのに、それは特集自体には反映されず、女性被害者の語りは存在しなかったかのようである。

「春にうごめく変質者…東京被害化区域はここだ」（『アサヒ芸能』）は、電車通勤の女性で、痴漢被害に遭っていない女性は皆無といっていいと述べた後、「〝刺激待ち〟の女性側にも責任」「結局のところ、困るとはいいながら、一方では『痴漢がいなければ、刺激がないわ』と感じている女性の深層心理を、痴漢はじつにうまく利用しているのかもしれない」という。[23]刺激を待っている女という女性像を一方的に作り上げている。

作家山口瞳は、『私流頑固主義』（一九七六年）の痴漢についてのエッセイで、すべての女性が痴漢被害に遭っている、しかも頻繁に遭っていると告白することについて疑問を呈している。

> 想像で言うのであるが、学校における思春期の女性、職場における若い女性にとって、通学通勤の電車のなかで痴漢にあうということは恰好な話題になっているのではないか。痴漢に襲われたことがないというのは肩身が狭く、仲間はずれにされる怖れを感じているのではないか。私はそんなふうに思う。その結果、無実の罪を着せられる男性が生じてしまうのではあるまいか。
>
> また、私は、女性には、痴漢に襲われたいという願望があるのではないかとも考えている。そうして、それもまた自然なことではないかと思っている。もろん《（ママ）》、性的欲望、もしくは関心があるほうが自然である。そうだとすると、電車のなかでちょっとサワラレタというのは、相手がわからないということもあり、逃げることができない状況ということもあり、女性にとって、それほど不愉快な出来事ではないのではないかという気がする。

すべての女性が痴漢に襲われたことがあると告白するのは、こういったことではあるまいか。[24]

女性が語るほど痴漢被害の実態はなく、女性の痴漢願望がそう語らせているのだという見解である。彼の「想像」上の女性について語っているにすぎないのだが、彼にとってはそれでも構わないらしい。

## 好まれる痴漢加害者の体験記

七六年『週刊読売』「『読者の手記』当選作発表　ぼくが痴漢になったとき」には、寄せられた手記から、作家の吉行淳之介によって選ばれた作品が掲載されている。一〇代の学生二人、四〇代の勤め人二人の、四人の男性の痴漢加害体験手記である。[25]「女心の不思議さは、そのように自ら積極的に働きかけてきながら、こっちがつられて熱心になっていくと、ある時点でサッと足を引いて、急によそよそしくなることである。全く興覚めである。こっちばかり悪者になった感じであり、後味の悪いことこのうえもない」「通勤列車の苦労の中にも、思わぬ楽しみがあることを知ったのは、人生あながち捨てたものではない、と中年花再びの生きがいをも与えてくれるようである」。挙げ句の果てには、痴漢をしない男性たちに「娘さんのほうが足をせり出して迫っているのに、前や横の男性が、体をねじ曲げてまでそれを避けているのは、全くもったいない限りである。もっと女性の期待にこたえるべく、しっかりしろと、と背を叩きたい思いである」[26]と、檄を飛ばす始末である。評者の吉行淳之介は、「男も女も意識の底には『痴漢』とかかわり合いを持ちたいというところがあ」ると断言している。[27]電車内の痴漢行為は当時も犯罪として検挙され得る行為であったが、同時にこうした加害者の体験記が評価されて雑誌に掲載されることは、メディアが痴漢を公認しているのと同じ意味合いを持つ。

女性誌にも、加害者の手口を知り、被害防止に役立てようという趣旨から、加害者の体験談が掲載されることがある。二〇〜三〇代の会社員男性三人で痴漢について語る『女性自身』「痴漢座談会　夏、狙いやすいのはこんな女！」では、痴漢行為の正当化や女性に対する一方的で身勝手な認識が語られる。[28]「今日、会社が終わってここへくるまでに、中央線の中で楽しんできましたよ。（中略）満員電車の中でもなければわれわれなんか、とても近寄れない相手です」「われわれのこの楽しみも法律に触れるという点が、ちょっと弱いんですよね」「ボクなんか純粋に女性賛美の気持ちでタッチしているんですがねえ。女学生の初々しい美しさ。まるでビーナスのようだ。電車内をおいてほかに、こんなチャンスは許されないじゃないですか」「電車の中にあるのは、身分を離れた男と女のスキンシップの世界ですからね」「われわれは愛すべき女性たちの性のよろこびを開発するために、ひそかな奉仕をしているつもりなんですが…」痴漢となると男性は遵法意識が低下することに驚かされる。

『週刊女性』の「あなたも狙われている　電車内でタッチした女性はなんと一万人！」も、痴漢常習者の手口を知り、痴漢撃退のヒントを得ようとする企画である。[29]一二年にわたり痴漢を続けているという、語学予備校を経営する二〇代男性へのインタビューから、彼の言う「痴漢テクニック」と「痴漢のエチケット」を紹介している。

『新鮮』には、「わが名は痴漢――この改造指に泣かぬ女はいない！」という五ページにわたる痴漢常習者への取材記事が掲載されている。その痴漢行為の内容は非常に悪質で電車内のレイプと呼ぶべきものである。しかし、自分の行為が犯罪であるという意識は見られない。嫌がっている姿を、「女は顔をそむけ、平静を装ってあらぬ方向を見ている。でもわかるんですよ。彼女が私の指を歓迎し、いまにも腰がくねりだしそうなのを必死に抑えているのが、ね」[30]と、性的に感じてよがっていると解釈するのである。

『微笑』の「テレフォン実話　私は妻子あるエリート社員！　ひそかな愉しみは通勤電車の痴漢！」は、告白専用電話に入電した、三〇代男性への取材記事である。[31]あたかも痴漢が性愛行為の一変種であるかのように、ポルノ小説のように痴漢行為が語られている。

ここに来て、痴漢が犯罪だという前提は、どこかに消えてしまったようだ。

1　「体験集　今朝の痴漢はこんな男でした」『婦人公論』１９７５.７　１９７頁
2　「実例から学ぶ痴漢強力撃退法」『女性セブン』１９７３.５.16　62頁
3　「実例から学ぶ痴漢強力撃退法」『女性セブン』１９７３.５.16　63頁
4　「痴漢の季節——手口と防御法アノ手コノ手全公開」『ヤングレディ』１９７９.７.10　１２８頁
5　「あなたの隣にいる男性も痴漢!?」『週刊女性』１９７３.７.７　68頁
6　「大研究　男が痴漢に変貌するとき　美人と劣等感の強い女は狙わない！」『ヤングレディ』１９７８.６.13
7　「〝痴漢〟の行動学研究」『平凡パンチ』１９７３.５.28　１６６頁
8　「〝痴漢〟の行動学研究」『平凡パンチ』１９７３.５.28　１７０頁

9　「シーズン・ルポ　努力次第であなたもなれる　これが〝憧れの痴漢〟だ　見る触るを実践する先達たちのあの手この手」『アサヒ芸能』1974.5.23　35頁

10　「ピンクREPORT　'79　浅黒く小太りの男に痴漢が多い！」『週刊プレイボーイ』1979.6.26　140頁

11　「すけたブラウス下着がチラリ　春風さわやか〝さわり〟の季節」『アサヒ芸能』1978.4.6

12　「春本番〝チカンですよ〜〟首都圏《通勤電車》各線別チカンカラー！」『週刊プレイボーイ』1975.4.29　38頁

13　「風化地帯七　痴漢電車」『創』1975.7　巻中グラビア

14　「やっぱりやられてる　人気タレントの痴漢体験！」『週刊平凡』1976.6.24

15　「女も変わった　痴漢の季節　被害女性のフンガイとヨロコビ座談会」『週刊読売』1976.7.3　36頁

16　「キャッ　痴漢のマナー全比較　私鉄国鉄沿線別　被害女性発射オーライ座談会」『週刊朝日』1976.6.25

17　「痴漢は女性に好まれている⁉」『アサヒ芸能』1978.5.4　31頁。アンケートを実施したのは、フラワーアート教室を主宰する「ジュンコ・フローラ・スクール」である。

18　「これからふえるチカンの手口――」『週刊現代』1975.6.26　109頁

19　「特別企画　痴漢の研究」『週刊サンケイ』1973.7.13

20　野坂昭如「ビタミンSEX　現代痴漢考」『週刊小説』1975.10.10　33頁

21　「特別企画　痴漢の研究」『週刊サンケイ』1973.7.13　180頁

22　「特別企画　痴漢の研究」『週刊サンケイ』1973.7.13　182頁

23　「春にうごめく変質者…東京被害化区域はここだ」『アサヒ芸能』1973.2.15　55頁

24　山口瞳『私流頑固主義』1976　祥伝社（引用は、山口瞳『私流頑固主義』1979　集英社文庫　145頁）

25　「『読者の手記』当選作発表　ぼくが痴漢になったとき」『週刊読売』1976.5.8

26 「『読者の手記』当選作発表　ぼくが痴漢になったとき」『週刊読売』1976.5.8　138頁
27 「私が痴漢にやられたとき」『週刊読売』1976.4.24　123頁
28 「痴漢座談会　夏、狙いやすいのはこんな女！」『女性自身』1976.7.1
29 「あなたも狙われている　電車内でタッチした女性はなんと一万人！」『週刊女性』1976.9.21
30 「わが名は痴漢――この改造指に泣かぬ女はいない！」『新鮮』1979.10　211頁
31 「テレフォン実話　私は妻子あるエリート社員！　ひそかな愉しみは通勤電車の痴漢！」『微笑』1976.4.10

## 3　一九八〇年代〜文化と娯楽としての痴漢

### エスカレートする痴漢記事

一九八〇年代は、男性誌を中心に、痴漢を肯定的に扱う記事の論調がより強くなる。八〇年の『週刊プレイボーイ』に掲載された乗車体験記「女子高生にモミクチャ興奮される夢の都電トツゲキ」は、痴漢行為そのもののレポートというべき記事である。

穴場というのは、なにもピンサロやトルコにかぎったものではない。いちばんいいのはお金を一銭もかけず、しかも女の子のムンムンムンムレムレの雰囲気にひたれる所があればいい。その穴場中の穴場が見つかった。（中略）
近隣の学校に通う女子高生ばかりがワンサと乗り込み、車内はギューギューで身動きできない。（中略）こういうけっこうなものを逃がす手はない。いざ、出陣！（中略）
女、女は……俺はのびあがって電車の中をのぞく。
ジャジャ、ジャーン。おるおる。わんさかおる。超満員。素晴らしい眺めじゃ、しまりかかるドアをかきわけ、俺は強引にのりこむ、と、すぐにも都電が右に傾く。ドドドッ、俺は全身の力をぬいて体をもたせかける。パイオツが都合六ヵ所ぐらい俺の背中といわず肩といわずこすれていく。おまけに、俺の脚が偶然にも左隣の女の子の股間にすっぽり入ってしまったのだ。

生あたたかい感触。想像するに、俺の膝小僧は彼女のナニの周辺にあたっているナ。石野真子の顔を平べったくしたようなその子は小鼻をひくひくふくらませて、ナニかを必死に耐えている感じ。ポルノチックやな。『女子高生色あそび、犯す！』な～んていうポルノ映画のタイトルが頭をよぎっていく。

また、ガターンと左に揺れる。

と、今度は前の女の子のヒップの割れ目をバッチリ、ボールの先端がとらえる、おまけに背中からはデカパイがぐいぐい押しつけられて来る。アワ踊りつきの二輪車をやっている感じ。

首をぐいとひねると、後ろはジンガイ。東京外語大の留学生らしい。時間よとまれ。都電よもっと揺れろ。都電が西ヶ原四丁目に着くまでの約五分、俺は心の中でそう叫び続けていた。

王子駅に着いて、きた反対側の都電にのったが、もうピークは過ぎていた。とにかく、女子高生の乗る率が八〇～九〇％という夢の都電。しかも料金はたったの九〇円。こりゃ、早起きは三文以上の得だぜ」。

記事中に、具体的な路線名や学校名が書かれており、こうした記事が出ることは沿線の学校、そこに通う学生や関係者にとって迷惑極まりないことであっただろう。

痴漢を格闘技になぞらえて、「対戦者を殪《たお》し快楽の奈落に叩きこむ荒技をた～っぷり披露スベエ」というのは、「〈痴漢は格闘技〉デアル」（『週刊プレイボーイ』）である。そこでは、ベルトのバックルを抜く、スカートの中に手を入れる、下着を下ろして性器に指を這わせる、股間を押しつける、女装して近づく、集団痴漢に加わる等の痴漢「技」を、イラスト入りで多数紹介している。そして言う、「痴漢は格闘技。ローマの昔から、神は痴漢をさせるために、男に〝力〟というものを与えたのだ」。[2]

「快適通勤電車特集　ここまでならつかまらない　スレスレ痴漢法」という、そのものズバリの特集を組んだのが『ドリブ』。具体的な痴漢の仕方、狙いの定め方、捕まった場合のいいわけ等を、漫画家・エッセイストの渡辺和博、イラストレーターの南伸坊らによって解説したものである。[3]

「我ら痴漢愛好会としては痴漢の多い線、というより『痴漢しやすい線はどこか』を研究する必要がある。そこで第一条件は『利用者が多く、混んでいる電車をねらえ』。なるほど、痴漢被害の多い路線を特集した沿線マップが[4]、男性誌の恒例企画であるのは、「痴漢しやすい線はどこか」を研究するためなのである。

痴漢行為が見つかった際の対処法までである。「目撃者がいないことが多いこの事件は逆に、加害者の不利にもなり得るわけで、とくに被害者を尊重するこういう場合は、逆上させないようにするのが条件である。とくに『痴漢された』と大騒ぎをするような女は自尊心が強いから、そこをくすぐってあげるのがいちばん。公安官よりもむしろ女性に弁解しなくてはいけない。その話し合い如何では無罪放免にもっていけるわけです（中略）いい男にさわられたら女だってうれしいのだ」ということらしい。その上、「ラッシュの満員電車の中で、ギューギューおされて『ツイ』チカンしてしまうことはよくある（中略）こーゆーのは確信犯でないので一〇円ひろったみたいでたのしい♪」とまで。さらには、イラスト付きで「中央線で、荻窪から乗り込んできた女子高生。カバンでお尻をガードされた。でもなんとなくお尻が『さわってほしい』と語っていました。だからさわった」と、被害者の抵抗など関係なく痴漢行為がなされることがわかる。

他誌でも、「痴漢の高等テクニック教えます」[5]という痴漢テクニックを学べるAVの紹介記事や、「今年もやってきました、痴漢のシーズンです。そのご趣味をお持ちの男たち、さぞやムズムズでしょうなあ。その種の研究は、ひとりひそかになされているようですが、ちょっとだけでもご披露いただけないものか！」[6]と、常習者の痴漢テクニックを教える記事が掲載されている。

他にも、警察庁が犯罪マニュアルだとして問題視した[7]という書籍『悪のマニュアル』は、「女の攻略法」として、痴漢を取り上げている。

一番プレッシャーなしに、無断で女の子の体に触れるのは、電車内での痴漢です。特にラッシュ時などは、最高の環境といえます。そのつもりがなくても、簡単に女の子に密着できるし、密着しても痴漢かどうかの判別がつきにくいからです。また、痴漢行為を実行しても、相手は身動きも難しく防御も困難です。縛りつけてあるようなもので、触り放題といっても過言ではありません。そのうえ、群衆に紛れての逃走は容易です。
　初めての人でもカルーイ気持ちで楽しめるし、経験を積み技術を磨くことにより、過激な接触も可能です。また、偶然に電車が揺れて、幸運にも女の子に抱きついてしまうことだってあります。[8]

狙い目の時間帯、路線の選び方、乗り込むべき場所、触り方、ターゲットの選定、騒がれたときの対処法、部位別攻略テクニック等が、具体的に紹介されている。被害者に「痴漢よ」と声を上げられた場合の対処法は次のようなものだ。

　声を出されたら、次のように言い返しましょう。
　♀　この人、痴漢よ！
　♂　ふん、おまえみたいなブスに触るやつなんかいないよ！[9]

## 痴漢撃退を強いられる女性たち

一九八〇年代になると、新聞には、電車内で痴漢被害に遭い、被害者が加害者を突き出したという記事が増え始める。女性が痴漢行為を積極的に申告していることとともに、警察も対応をしていることが読み取れる。[10] 警察は、被害申告された事案の検挙だけでなく、折に触れて、痴漢の集中取締りも行っていた。警察の担当者が女性誌の痴漢を扱った特集記事の取材に応じることもあり、被害防止策の情報提供や、届出についてコメントしている。しかし、対策をとってはいても、被害はなくならない。電車を利用する女性たち、特に都市部の鉄道利用者にとっては、電車の中の痴漢は相変わらず「日常」であった。

こうした風潮に対抗すべく、八〇年代の女性誌にも、体験談を共有したり痴漢撃退法を掲載する特集がよく組まれている。いくつかをあげてみると――

「私はこうしてチカンをやっつけた！」（『週刊女性』）は、被害女性たちの体験から、定期券に挟んだ五寸釘で刺す、〝この人チカンです〟と書いたプレートを背中に貼る、ハイヒールで踏む、ヘッドホンのボリュームを上げて周囲の目を向ける、上着に口紅をつけるという自衛策が紹介されている。[11]

「ギャフンといわせる㊙テクニックは、これ！――さまざまな被害のケースから、見つけた体験的痴漢撃退法――」（『ヤングレディ』）は、四人の痴漢被害経験女性の座談会形式で対策が語られる。ドア付近に痴漢被害が多いとわかっていても、混んでいて中に入れない時には仕方がないという、体験に基づいた意見が出される。そして、読者に対して、「痴漢におそわれるのは魅力のある証明――なんて考えるのは大まちがい」[12] とメッセージを送る。

「女性のための新・痴漢対策講座」（『週刊女性』）は、犯罪としての痴漢という点に着目する。しかし、痴漢が処罰されても女性たちの被害の実感からは遠く、「ちなみに、痴漢行為をするとどれくらいの罪になるか調べてみたら、これが意外と軽い。女性の身体をなでまわすぐらいだと、東京都では都条例によって一万円以下の罰金。軽犯罪法に触れても、三十日未満の拘留及び四千円以下の科料。それでも逮捕するとなるとなかなかむずかしく、痴漢常習者のほんのひと握りにすぎないという」[13]と、社会が痴漢に甘い現実を知らされる。

痴漢撃退のための防犯グッズの紹介をするのは、『女性セブン』[14]。他にも、常習者へのインタビューからその手口を知って防犯に役立てようとするものや、女性たちの痴漢被害経験を共有しようとするものなど多数である。

## 強姦神話

痴漢加害者や痴漢を擁護する論者の発言には、いわゆる強姦神話と呼ばれる、性暴力についての誤った認識が見られる。そもそも、痴漢自体を性暴力、性被害とみなしていないものが多いのだから当然ではある。泉大八は女性誌のインタビューを受けて、「痴漢行為は女性から挑発されることも多いんですよ。ラッシュアワーを利用する男性なら、一度や二度は女性からオッパイや下腹部を押しつけられた経験があるはずです」[15]と単なる混雑での接触を、女性が押しつけたと解釈する。

痴漢加害経験者による座談会を企画した八一年の『ヤングレディ』「シーズン特集　いよいよ季節到来!?　男なら、だれでもタッチしたくなるんだって！　痴漢の行動学と撃退法を知る！」では、加害者たちの、「ふつうのセックスでは女のほうが男よりも何倍も快感を得るっていう話だから、せめて痴漢行為の楽しみぐらい許してくれてもいい」「ぼくは強制しないから……。ふれさせていただく、という心づもりでやってるからね」という勝手な言い分が披露される。

コラムニストの青木雨彦は「男と女のト音記号　痴漢について」（『週刊朝日』）で、ひったくりの比喩を用いて痴漢を被害者に非があるように考えるのは間違っていると述べる。[16]

――たとえば、きみが札束を手に道を歩いていたとする。誰かがこれをみて、その札束をひったくる。

この場合、いくら剽盗が、

「札束をみせつけられたので、ガマンできなかった」

と弁明したところで、果たして通るか、どうか？（中略）

「被害者が不注意ないしは挑発的だったから……」

といって、無罪放免にしていいわけがない。

それにしても、ちかごろの女性たちは、いかにも「これみよがし」といった感じで、札束を持ち歩いているのではなかろうか？　退屈な通勤電車の中で、そういうものを鼻先に突きつけられては、

「ニセ札かな？　それとも、ホンモノかな？」

と、ちょいと触ってみたくなるのも、無理はない。[17]

本来は、被害者には非がないことをわからせるためのひったくりのたとえが、若い女性の態度が「これみよがし」にすぎるという話にすりかわり、結局、被害者の非が責められてしまうのである。

## 痴漢被害と加害の矮小化

「たかが痴漢」という言い方がある。いかにも痴漢被害を軽視する表現である。八二年の『週刊読売』「またまたＩＢＭ部長がハレンチ！　ではあなたの会社でたかが痴漢はどう処分されるか」は、痴漢で新聞沙汰になった有名企業サラリーマンの話である。[18] 記事は読者に警告する。「もう一度いうが、たかが痴漢、である。罰則も一万円以下の罰金だ。こんな微罪で一生を棒に振ったりしないよう、くれぐれもご自戒を」。

痴漢という犯罪を、「痴漢騒ぎ」とあえて書くのも被害の軽視である。『週刊サンケイ』の「『新電電』の門出を襲ったエリート社員の『痴漢騒ぎ』」は、逮捕されるとは思わず、ましてや新聞で実名報道されるとは思わなかったエリート会社員の事件を伝える。[19]「Ｔの不運は、Ｋ子さんが、泣き寝入りするようなおとなしい女性じゃなかったのを見抜けなかったこと」と、単に運が悪かったとでもいうような書きぶりである。

痴漢被害の軽視が進む様子は、記事のタイトルに特徴的に表れる。他の性犯罪事件では書かれないような茶化したタイトルがつけられることがある。『週刊明星』で、痴漢を扱った記事のタイトルは、「さあ痴漢の季節がやってきた!!」[20]。

犯罪としてみなさないというのは、痴漢被害の軽視の最たるものである。電車の中での被害ではないが、中学三年生女子の被害体験が『朝日新聞』に掲載された[21]。見出しは、「チカンってなんだっけ」「女性をモノとしか見ないことがくやしい」。女子中学生は、「塾から帰るバスの中で、痴漢にあったんです。（中略）家に帰って、くやしくて泣いちゃって、親にどうしたんだって聞かれたけれど、わけを話すと、ああ、こいつは痴漢にあったかわいそうなやつだとか思われるのがいやで、何もいわなかった。（中略）保健室にいって、保健の先生に話した。先生から、そんなことは早く忘れなさいといわれて、そこで大泣きしちゃった」「また被害にあったら、足を踏むか、けとばすかしてやろうと思っています」。記事からは、警察に通報した様子は見られず、学校関係者は、適切な対応を取ったのか疑問に思える。これまで痴漢被害に遭った女子学生が加害者を突き出したという報道はされていたにもかかわらず[22]、記事中に警察への通報に関する情報は書かれていない。

この『朝日新聞』の記事には、「大人から」として、「人間と性」教育研究協議会代表幹事の吉祥女子中・高校副校長、山本直英のコメントが掲載されている。それによれば、通学中に痴漢被害に遭ったことのある女子高生は六割以上だとした上で、「私が生徒に話すのは、男は生殖の分担として産ませる役割で、それだけ性に能動的であり、だれでも痴漢的要素を持っていること」だという。被害に遭っても自分を責めることはないといいつつ、「むしろ、その体験を性なり男女の違いなりの問題として生かすことが出来ればいいと思います」と、痴漢が自然なこと、大人になる際の通過儀礼か何かのように語られる。

## 痴漢被害で女性を評価する

痴漢被害とその外見を結びつけるような、美人であったから、プロポーションが良かったから痴漢されたのだという思い込みによって書かれた記事は大変多い。また、痴漢の被害者は、その外見を判定されてしかるべきという思い込みも見られる。

それにしても、気になるのは京子さんの容姿ですが、「それほどの美人と違うんやないか」担当刑事氏の感想デス。(『週刊宝石』[23])

A子さん？　服装は決して派手じゃないが、顔はキレイでしたね。(『週刊文春』事件署署員のコメント[24])

OLはスラリとした美人だったとか。(『アサヒ芸能』[25])

痴漢被害が女性としての評価の証明になるのであれば、評価という名目で、被害経験を根掘り葉掘り聞くことも許されてしまう。こうして、女性アイドルに痴漢体験を語らせる企画が成立する。

芸能娯楽雑誌『明星』に掲載された女性アイドル四人による「水中座談会」では、河合奈保子（当時一七歳）、柏原よしえ（当時一四歳）、鹿取洋子（当時一八歳）、甲斐智枝美（当時一七歳）が、ビキニ姿で、痴漢談義を繰り広げる。

チカンとの遭遇

洋子　やっぱりさァ、夏っていえばアレですねェ。
奈保子　アレ？
よしえ　何だろう？
洋子　へへへ…、チ・カ・ン！
よしえ　ギャー、ヤダーッ。
洋子　なんですか、大げさに。あたしなんか、名古屋でしょっちゅう、お会いしておりましたよ、チカンさんたちと。
奈保子　ワー、すごいんですねぇ。
智枝美　電車のなかとか？
洋子　そう。でも、こっちに来てから全然相手にしてくれないの。チジョになっちゃおうかな、さみしいから。

よしえ　ワッ、ドギツーイ。

洋子　まだコドモですねえ、キミたちは。女のコなら、一度や二度は経験するものですよ。

奈保子　フーン、そうなのかなあ？　勉強しなくっちゃ。

智枝美　アッ、マジな顔になってる！

奈保子　ヤダー、ハハハハッ[26]。

一緒に掲載されているのは、ビキニ姿の四人が、飛び込み台から飛び込もうとするポーズの写真である。掲載時、柏原よしえはまだ一四歳の中学生である。その彼女にビキニを着せ、胸の谷間を強調するポーズをとらせたうえに、痴漢談義に参加させている。年長の鹿取洋子が話題をリードしているようだが、その彼女も一八歳の未成年。デビューしたての未成年アイドルたちが、痴漢に遭うことが大人の女性の証明であるかのように語り合う。

## 女性による乗車体験企画

記者やタレントが、実際に電車に乗って痴漢被害を体験してレポートする企画は、八〇年代に入っても行われている。

おとりの女性と満員電車に乗り、痴漢を取材するのは八一年『週刊サンケイ』「ミッキー安田のアクション・レポート　マン員電車の痴漢を追跡！」[27]。「極悪非道のチカン撲滅に立ちあがったキャンパス・ギャル五人が、ピチピチ・ボディーを武器に、卑劣な肉体まさぐり男を体当たり取材」するのは、『Ｇｏｒｏ』[28]。女子大生に、あえて挑発的な格好をさせて満員電車に乗り込ませ、痴漢被害に遭った様子を克明にレポートさせるという企画である。見出しには「太モモ、おシリ、ワレメちゃんにまで…んごッ！あう！」「ぐりぐり　くねくね　ねちょりんこ」と、どう見てもそれは被害のレポートとしては書かれていない。文体は、女子大生の一人称で、痴漢にあった状況の詳細を、明け透けに語っており、痴漢行為で性的に興奮したという記述もある。記事には、「チカン侵入ルート〝分解写真〟」なる、さわり方の図解写真が解説付きで掲載されており、さながら、詳細なチカンの手口紹介になっている。

女性記者が痴漢被害が多いことを「証明」するため、自ら電車に乗り込んで被害レポートをするという企画は、『サンデー毎日』の「本誌女性記者いやいやレポート　通勤電車〝密着の魔術師〟ざ・ちかん」[29]。この記事は、「そんなに痴漢っているの？　ほんとかなぁ。自意識過剰なんじゃないの」と、おそらく男性編集部員に疑いの眼差しを向けられたことから、自ら満員電車に乗り込んで事実を突きつけようとして企画された。しかし、実際に被害に遭うと、「（死んでしまえ！と）内心でにらみつけるしかない」状態だった。被害体験乗車中に、痴漢被害に遭っている女性に気づいて、助ける場面もあり、読者は痴漢被害が日常的に起きていることを知る。警察への取材もされているが、自分に痴漢をした加害者を突き出したという形跡は見られない。『サンデー毎日』は、かつて痴漢の多い路線を調べた「痴漢分布からみた鉄道路線地

「図」[30] を掲載しており、電車の中の痴漢被害が多いことは承知していたはずであったが、この企画を立てた際には、その事実は忘れられてしまったようだ。

## 男性被害者へのまなざし

男性も痴漢被害に遭う。しかしその語られ方は、女性が被害に遭った時とは異なるものである。一九八五年の『週刊プレイボーイ』には「車内暴力よりこわい『車内ホモ』」という記事が掲載された。

かわいいジョシコーセーが車内で「痴漢です！」と叫ぶのはよほどのカクゴが必要ですが、もっと度胸を要するのが、中年オトコに限らず、男が、

「ホモだぁ‼」

と、衆人環視の中で叫ぶことと、思いませんか!? チカンに狙われるのは、女子高生にとって〝美貌の証明〟とゆ～余禄がありますが、ホモに目ェつけられたって、プラスはな～い‼[31]

ここで叫ばれるのは、痴漢だ、ではなく、「ホモだ」ということである。男性の被害は性被害ではなく、同性愛の文脈で語られてしまう。女性が痴漢被害に遭っても「異性愛男性だぁ‼」と叫びはしない。それが痴漢を意味もしない。そもそも相手のセクシュアリティを叫ぶこ

とが、なぜ自身の「被害」の告発になるのか。そこに、同性愛嫌悪が存在するからである。次の『週刊サンケイ』の記事もそれを物語る。満員電車におとりの女性と乗り、痴漢の現場をレポートするという取材中、痴漢を捕まえようとして、書き手の男性はハタと考える。


しかし、考えてみるとオレは男だ。

男同士で「痴漢だ！」と騒いでみても、どうしようもない。女性が「痴漢だ！」と騒いでくれないと、オレは捕まえることができないわけだ。

そのことを、オレはあとで友人にいわれた。

「ミッキー。おまえさん、捕まえなくてよかったよ」

——どうして？

「おまえが捕まえて、おまえが〝痴漢だ〟といって相手のチン××をつかんでいたら、おまえはホモになっちゃうじゃないか。それじゃ、おまえも痴漢になる。被害者の女がつかむんならわかるが、おまえがつかんじゃまずいよ」

考えてみたら、確かにマズイ…[32]

痴漢を捕まえるのに相手の性器をつかむという発想が奇妙であり、男性が痴漢を捕まえると、「ホモ」になり、その結果痴漢になるというのもおかしな話である。この書き手は、一体何を「マズイ」と納得したのであろうか。

## 男性の価値観を内面化する女性たち

性のトピックが中心の女性誌や、女性誌のセックス特集では、痴漢を楽しむ女性の声が紹介されることがある。『週刊女性』の「読者SEX告白スペシャル　イヤー！ダメッ！　もっと痴漢・レイプ編」では、「憎いはずの痴漢でも、テクニシャンなら許してしまう。女心って複雑なんです」[33]と、痴漢を、セックスと同等に並べて、性的に興奮できるのなら、性暴力とはみなさないとする考えを紹介している。

『微笑』の四人の体験者による座談会「OLたちの密かな楽しみ　ス・テ・キなチカンに襲われました！」では、チカンを「アバンチュール」として楽しむ女性たちが語り合う[34]。同誌では一方的に痴漢をされるのではウップンがたまるばかりと、「男を遊んじゃえ」と男性に痴漢をしてみる企画もあった[35]。男性に対する行為であっても、それは痴漢という性暴力であり、その被害性や加害性は、当然、減じられないのだが、女性誌にも、痴漢が性暴力・性被害であるという認識が希薄だったということだろう。

1　「女子高生にモミクチャ興奮される夢の都電トツゲキ」『週刊プレイボーイ』1980.2.12　88頁
2　「〈痴漢は格闘技〉デアル」『週刊プレイボーイ』1980.7.8　211頁
3　「快適通勤電車特集　ここまでならつかまらない　スレスレ痴漢法」『ドリブ』1982.7
4　「OLが実体験で語る都内痴漢電車マップ」『週刊宝石』1988.4.22等

5 「痴漢の高等テクニック教えます」『フォーカス』1984.11.30

6 「ヘア撫で3年〝目的地〟侵入まで8年」『週刊読売』1984.7.15 38頁

7 『読売新聞』1989.2.8 27面

8 情報研究所編『悪のマニュアル』1987 データハウス 12頁

9 情報研究所編『悪のマニュアル』1987 データハウス 16頁

10 『読売新聞』1982.5.25 夕刊 11面、1983.12.14 19面、1989.11.9 夕刊 19面、『朝日新聞』1985.2.2 23面、1986.10.9 東京夕刊 19面

11 「私はこうしてチカンをやっつけた！」『週刊女性』1981.4.14

12 「ギャフンといわせる㊙テクニックは、これ！——さまざまな被害のケースから、見つけた体験的痴漢撃退法——」『ヤングレディ』1980.4.8 122頁

13 「女性のための新・痴漢対策講座」『週刊女性』1980.11.11 43頁

14 「クラ～イ夜道も、満員電車の中でもこれさえあれば大丈夫 痴漢撃退用商品カタログ」『女性セブン』1985.7.11

15 『週刊女性』1980.11.11 44頁

16 「シーズン特集 いよいよ季節到来!? 男なら、だれでもタッチしたくなるんだって！ 痴漢の行動学と撃退法を知る！」『ヤングレディ』1981.4.28 122頁

17 「男と女のト音記号 痴漢について」『週刊朝日』1980.5.16 45頁

18 「またまたIBM部長がハレンチ！ ではあなたの会社でたかが痴漢はどう処分されるか」『週刊読売』1982.6.13

19 「『新電電』の門出を襲ったエリート社員の『痴漢騒ぎ』」『週刊サンケイ』1985.3.21

20 「さあ痴漢の季節がやってきた!!」『週刊明星』1983.8.4

21 『朝日新聞』1987.11.18 18面

22 たとえば、『朝日新聞』1985.2.2 23面。

23 「表彰ものだった痴漢撃退男が、ある日痴漢に変身」『週刊宝石』1984.7.27 54頁

24　「満員電車でおさわり　伊藤忠エリート社員『私はコレで会社をやめました』」『週刊文春』1985.12.5　175頁
25　「OLに騒がれ特急から飛び降りた痴漢係長」『アサヒ芸能』1986.10.16　43頁
26　「今季ピッカピカ四人娘水中座談会　奈保子クン、断然一着、記録・バスト八九。ン⁉」『明星』1980.9　94-95頁
27　「ミッキー安田のアクション・レポート　マン員電車の痴漢を追跡！」『週刊サンケイ』1981.7.9
28　「男のコたち、もう絶対許さないんだから」『Goro』1985.7.25
29　「本誌女性記者いやいやレポート　通勤電車〝密着の魔術師〟ざ・ちかん」『サンデー毎日』1980.3.9
30　『サンデー毎日』1975.6.22　114頁
31　「車内暴力よりこわい『車内ホモ』」『週刊プレイボーイ』1985.2.19　53頁
32　「ミッキー安田のアクション・レポート　マン員電車のチカンを追跡！」『週刊サンケイ』1981.7.9　203頁
33　「読者SEX告白スペシャル　イヤー！ダメッ！　もっと　痴漢・レイプ編」『週刊女性』1987.3.31　109頁
34　「OLたちの密かな楽しみ　ス・テ・キなチカンに襲われました！」『微笑』1987.6.27
35　「こちらSEXY実験班①　満員電車隣のカレのアソコを握ってみた！」『微笑』1989.1.14

## 4　一九九〇年代〜痴漢ブームと取締りの変化

### 痴漢ブームの時代

一九九〇年代、メディアはさながら「痴漢ブーム」とでもいうべき様相を呈していた。痴漢体験記を集めた『五〇人の痴漢体験』[1]や、痴漢マニュアル『正しいお痴漢本』[2]、痴漢常習者による手記『痴漢日記』[3]が出版された他、男性誌には、痴漢を扱った記事が数多く掲載された。中でも一九九六年の痴漢専門誌『フィンガープレス』の創刊は話題となり、各誌がニュースとして取り上げた。[4]『フィンガープレス』は、誌面の多くを投稿の体験談が占め、盗撮されたものとおぼしきスカート内の写真も多く掲載されている。公称部数は七万部。犯罪を奨励しているのではないかという指摘には、編集部が「我々は〝犯罪防止雑誌〟と呼んでいます。手口を紹介することによって、被害に遭わないための警告にしてほしい」[5]と反論しているが、「警告にしてほしい」といっても、被害を防止すべき女性は読者に想定されていないのだった。

また、同誌の言う痴漢とは条例違反に定めるような服の上から触る行為だけなのではない。編集長の川端清継は、自分は痴漢はしないといいながら、次のようにいう。

近頃は満員電車に乗るのが怖くてねぇ。もともと小心者の妄想派ですから、痴漢はしないんですけど、それでもほら、すし詰めの車内で女の子のお尻と密着してたら、そりゃポコチンをグイッと押しつけるぐらいのことはするわけですよ。それが散々ワイドショーで叩かれたりしたでしょ。もし何かの間違いで痴漢に間違われたりしたら、テレビや新聞の格好の餌食だからね。[6]

彼らにとっては、「押しつけるぐらいのこと」は痴漢ではないのである。同誌で扱われる「痴漢」には、レイプと呼ぶべき行為も多数あった。

後に、二〇〇〇年代になってこの時代を懐古した記事が書かれたほど、この痴漢ブームは特異な現象であった。[7]

## 通勤電車の「お楽しみ」

「身動きひとつとれない朝、夕の通勤ラッシュ。ビジネスマンの密かな楽しみといえば。いわずと知れた〝チ・カ・ン〟？　ヤニ臭いオッサンや、安香水プンプンのオバハンはノーサンキューだが、朝シャンしたてのピチピチギャルとの密着はうれしいもの」[8]（『週刊大衆』）。痴漢は、通勤電車のお楽しみとでもいうようだ。加害者にとっては、痴漢とは触るという行為のみならず、密着することそのものをも指すらしい。

どこまでの密着が許されるのかを調べた記事が、九三年『SPA!』「女のコが許す〝通勤密着〟の限界点とは？」「女のコはどこまで密着を許してくれているかを調べてみよう！」である。下着姿のモデル写真で、部位毎に、どこまでなら痴漢とみなされず、通報されないかを解説したものである。結果、「今回のアンケートでは、触れられても、偶然であれば大抵のことは許す、という結論をみた。たとえ胸と胸がこすれ合っても大丈夫！　堂々と電車の揺れのせいにすればよい」[9]と、偶然を装った「密着」が推奨される。

同誌はまた、痴漢常習者に聞いた痴漢しやすい女のタイプの解説も掲載している。「露出抜群のミニスカギャルに狙いを絞って！　なんて願望むき出しに思い込んでいたSPA!がバカでした。（引用者注：以下、ボディコン娘はプライドが高く、被害の通報をいとわないとの常習者のコメント）そうとも知らず、ついデキ心でコトに挑んでいたら……。なんて思うと背筋がゾッとしてきたぞ。ならばここはヘタな素人考えは捨てて、松氏に痴漢しやすい女について聞いてみた」[10]。痴漢行為をすることが前提で書かれた記事である。

加えて九〇年代は、痴漢被害の多い路線情報が以前にも増して掲載されている。[11]電車の中は痴漢だらけだという女性の感想が「本番ナシの触わり放題だゾ。ピンサロしちゃってるのである」[12]と変換される。「被害の多さ」は、痴漢のしやすさを意味し、「触わり放題」に読み変えられる。

## 人気企画としての痴漢被害体験談

男性誌の痴漢被害体験記は、継続的に人気のある企画と見え、「男性、女性を問わず、あなたのエッチなチカン体験を募集します」と体験記が継続して募集されていた。[13]

女性の痴漢被害体験が五ページにもわたって特集されたのが九二年『BＩＧ　ｔｏｍｏｒｒｏｗ』「爆笑　女は強い！　ＯＬ・女子大生一〇〇人の大告白　わたしの痴漢体験と㊙撃退法教えます」である。「チカン、チカン、って大騒ぎしながらも、けっこう女のコたちは冷静に状況を観察してる。いや、もしかして楽しんでるんじゃないの？　と、ふと、湧く疑問。そこんとこ、どうなの？」[14]と、女性は痴漢を楽しんでいるという前提で特集は組まれている。男性が女性の痴漢撃退法を知る必要がなぜあるのかは、不明なままである。

『ＤＩＭＥ』「新人ＯＬ　vs　ベテラン痴漢　春季リーグ開幕秘話　ＯＬ一〇〇人＋一によるチカン大アンケート」は、痴漢被害経験を野球になぞらえ、「初登板」「登板数」「逆転サヨナラ負け」「本塁打」「選手名鑑」「思い出の名試合」などと、茶化して遊ぶ記事である。「さぁ、始球式も終わり、ベテラン痴漢、第一球投げました！　おっと、かすかにヒップを触ったかぁ。さぁ新人ＯＬ怒った。〝ムシピンツンツン〟で防御だ。開幕いきなりの乱闘劇。今シーズンも大荒れだぁ〜!!」[15]。

女子高校生に性的な眼差しを向けるようなタイトルの「女子高生の肉体に魅せられた日銀行員の快楽通勤」[16]（『週刊実話』）や、「『電車チカン野郎』の『桃尻なぶり』六七〇日！」[17]（『アサヒ芸能』）

は、被害者の外見の記述もあり、事件記事というよりも、被害者への性的興味を煽るような記事である。

## 痴漢被害の告白を楽しむ

女性タレントが、雑誌のインタビューで、痴漢経験を聞かれるのは、もはやおなじみの光景となった。他の性被害経験を根掘り葉掘り聞くことは考えられないが、痴漢であればそれが許されるのも七〇年代から変わらない。痴漢が性被害であるという認識が希薄である上に、痴漢被害と被害者の美醜が結びつけられているため、被害を公表することの不利益が緩和されるのである。

寛平　電車で、チカンに遇うたことはないの？（中略）
直美　こっちは、ぜんぜん動けなかったんだけど、後ろのほう向いて、〝触んじゃねえよ〟っていってやったの。
寛平　後ろから触られたら、後ろはダメ、前からしていうて、前向いたんとちゃうの。
直美　前からどうぞって？　違う違う。（中略）私だって震えちゃいましたよ。
寛平　違う震えがきたのとちゃうの？（『週刊大衆』一九九一・八・一二）[18]

――毎朝あったの？

「だいたい毎朝でしたねぇ」

――どんなことしてくるの？

「やっぱりオシリ触ってきたり。それで、最初は怖かったからオドオドしてたりして……」

――ラッキーだな、そのチカン！　田山真美子のケツッペタを触り放題か!!　クーッうらやましい！

「でもお！　でもいまは『ヤメテ！』って感じでジッと見るんですよ。それでたいていやめるんですけど、それでもやめない人は『何してるんですか！』っていうとやめますね」

――気持ちよくなかった？

「そんなアタシ……そんなじゃないですよ！」

――失礼しました。チカンのほかに盛り上がってる話は？（『Ｇｏｒｏ』一九九一．七．二五[19]）

痴漢被害に遭って性的な快感を得たのではないかという質問が挟まれている。若い女性タレントに、性経験を質問することははばかられるが、痴漢の話のついでに「気持ちよくなかった？」と質問することはたやすいようだ。

また、痴漢体験を聞き出された女性タレントの紹介ページには、立て膝でスカートの中が見えそうな写真や[20]、身につけている水着のヒモを外した写真という[21]、さらに性的な眼差しが注がれるものが掲載されている。被害経験談とこうしたグラビア写真がセットなのは、痴漢は、性被害ではなく、性行為のバリエーションの一つと考えられているためであろう。

## 痴漢体験乗車という被害

記者やライターが自ら電車に乗り実際に痴漢被害に遭って、その様子をレポートする記事も八〇年代よりも増えている。「本誌セクシー女性記者が『密着』体当たりルポから始まり、とことん調査‼」[22]、「トツゲキイラストルポ！　おとぼけトレンドウオッチング！　今日も街ボケ！　チカン電車の巻」[23]、「本誌美女ミニスカ隊〝痴漢電車〟埼京線を肉弾検証！」[24]等だが、体験させられる記者やライターは、その仕事に必ずしも同意してはいない。痴漢体験は性被害に他ならないのに、それが仕事上の命令である以上、拒否することができない。痴漢専門誌で痴漢実体験ルポ漫画を掲載している漫画家は、「もちろん見ず知らずの男に体触られるのはものすごくイヤ、抵抗あります」[25]と嫌悪感を示し、仕事だから我慢をしていると語る。

また、誌面に掲載するための痴漢行為のイメージ画像を撮影するのに、「さわったフリ」では足りないと、モデル役のライターが実際に被害に遭うこともあったという[26]。こうした痴漢体験や写真撮影は、セクシュアル・ハラスメントであり、紛うことなき性暴力なのだが、問題視はされなかったとみえる。

## 痴漢加害の告白

九〇年代は、芸能人が痴漢体験を公言することは、不名誉なことではなかった。タレントのそのまんま東は、ゲストの千堂あきほへのインタビューで、自身の痴漢加害経験を語る。

東　あなたヤバイ目に遭ったことある？　痴漢とか。
千堂　そりゃありますよ。（中略）若い男の子が、全身カチンカチンに硬直して、私の手を握ってんの（笑）。
東　ハハ、そりゃオカシイや。オレなんかも、やむにやまれないって感じで、痴漢しちゃうことあるもんね。で、どうしたの？
千堂　びっくりしちゃったけど、あんまり緊張してるんで、パッと払っちゃ悪いと思ってズーッと。
東　うわー、うらやましい。オレだって、あきほちゃん集中タッチしたいぜ。本当、マジに……。
千堂　ハハ……ねえ、東さん、のぞきってしたことあります？
東　もちろん、学生時代なんか盛んに（笑）。（『微笑』一九九〇・一〇・二七）[27]

「やむにやまれない」という深刻な意味合いの言葉を用いて、痴漢加害がカジュアルに語られる。のぞきの経験を聞かれても「もちろん」と答える。誰にでもそうした経験や欲望があり、それが健全な青年の証であるかのようである。

ミュージシャンのサンプラザ中野は、高校生の頃の痴漢経験を、性の芽生え、ほほえましい青春の一ページのように語っている。

> 僕、高校時代に痴漢したことがあるんですよ（笑）。電車の中で、自分が年とってたら心筋梗塞で死んじゃってただろうって思うぐらいドキドキして膝をガクガクさせて。でね、これは『性的人間』を読んだからっだ《ママ》って、読み返してみて気づきました。本の中の少年は、触りたいから痴漢をするんじゃなくて、「しなきゃいけない」って自分を追い込んでいくんだけど、その時の僕も「痴漢しなきゃ」っていう気持ち、青春の一過程で何かつかめるものがあるんじゃないかっていう気持ちで触ったんだと思います。だから、この本は僕を痴漢に走らせた一冊なんです（笑）。（『ダ・ヴィンチ』一九九五・七）[28]

筆者が以前聞き取りを行った、ある連続強姦事件の加害者も、加害行為を「しなければいけない」「義務」「使命感」といった言葉で語っていた。[29]自身の義務であるかのように語る時、それが犯罪であることや相手に被害を与える行為であることが後景化していく。

風俗作家で痴漢常習者の山本さむは、自身の著作に加え、多くの雑誌に登場し、痴漢行為について持論を語っている。「プロの痴漢」として顔写真も掲載されており、痴漢常習者であることを公言してはばからない。[30]

作家の北村想は、若き日の痴漢体験を、二度にわたって『毎日新聞』に書いている。そのエッセイのタイトルは「わが青春のチカン」。「いまから思えばヒジョーに可愛らしい痴漢でありました」[31]、「ほのかな愛しい思い出である」[32]というノスタルジックな語りには、痴漢が犯罪であるとか、痴漢をされた本人にとってはまぎれもない性被害であるといった意識が全く感じられない。

## 薄着の季節は痴漢が多いという思い込み

痴漢といえば薄着の季節といいたくなるほど、季節や女性の着衣（肌の露出）と結びつける記事はおなじみである。たとえば、九七年『週刊実話』は、「東京vs大阪『痴漢』沿線マップ」の中で、「夏真っ盛り、街ゆく女性の姿もすっかり薄着となり、ブラウス越しに透けて見えるブラジャーの線が眩しい季節になった。そんな女性たちを眼の前にすると、妙にムラムラしてしまうのが悲しい男のサガ。毎日の通勤電車の中で女性のお尻をつい…。なんて痴漢行為に走る人が増え始めるのも、この時期多いらしい」[33]と書く。

しかし、第一部で述べたように、もっとも暑く、もっとも薄着になるであろう八月は、電車の中の痴漢被害が少ない。夏季は、学生が夏休みに入るため、学生の乗車が少ないため被害に遭うことがなく、車内の混雑も緩和される。[34]夏は薄着の季節だから痴漢が多いという記述は、肌の露出が性被害を招くという誤った認識が先行しているからである。『週刊朝日』は、警察への取材から「性犯罪の被害者への偏見に『被害に遭うのは、肌が露出したキャミソールやミニスカートを身につけるなど、女性が挑発的だったため』と見るものがある。だが、痴漢取り締まりの担当警察官が口をそろえるのは、逆に、『被害に遭いやすいのは、全体から受ける印象が、おとなしそうなタイプの人』ということだ[35]」と説明している。他誌でも、肌を露出すると被害に遭いやすいというのは誤りであるという警察のコメントを掲載している[36]。「薄着の季節は痴漢が多い」という俗説が流布される一方で、その認識は誤りであるという警察のコメントも紹介されはじめ、少しずつではあるものの、被害の実情が知られてきているのが窺える。

## 変わらない男性被害者へのまなざし

社会学者の宮台真司は、中学生時代、電車の中でよく痴漢被害に遭っていたといい[37]、V6の森田剛も雑誌の連載記事の中で、「ボク自身がチカンの被害にあうことがよくあるんだ[38]」と書いている。男性の痴漢被害は、強制わいせつ罪に当たる被害は刑法が適用されるものの、九〇年代までは迷惑防止条例の保護対象ではなく、軽犯罪法が適用されるのみであった。加えて、被害を申告することが、女性の被害とは異なる差別に晒される恐れもあった。男性は痴漢被害に遭うはずがないという思い込み、「男らしくない」から被害に遭う、男ならきっぱりと抵抗すべきだった、「男のくせに」被害に遭うのは恥ずかしいことだから口外すべきでない等々。[39]

男性の痴漢被害者が、性被害としてではなく、同性愛の文脈で語られる可能性があることは先述した。九九年の『週刊ポスト』は、男性が男性の股間を触ったという事件記事に「満員の京王線の車内で……フジTV幹部社員が『ホモ痴漢』で拘留されていた！」[40]とタイトルをつけた。男性が痴漢被害に遭ったことを、加害者を「ホモ」と呼ぶことで、性暴力の問題ではないかのように扱っているのだ。これは女性誌でも同様であった。『女性自身』は、「電車で男の尻をさわっていた！　あのホモ重役に〝痴漢〟疑惑急浮上！」と題した記事を掲載した。[41]女性誌はこれまで、一部、痴漢被害を楽しんだり、女性も痴漢をしてみることを呼びかける記事があったとしても、基本的には女性痴漢被害者の立場にたった誌面を作ってきた。それにもかかわらず、男性被害者を性被害者とはみなさず、同性愛の文脈にすり替えてしまう。「被害者の視点」の中にも差別は潜んでいるのだ。

## 痴漢取締りと女性たち

一九八八年一一月四日、痴漢行為を女性に注意された男性二人が、その女性を逆恨みして降車後に強姦したという「地下鉄御堂筋線事件」が起きた。[42]間もなく、この事件に突き動かされた女性たちによる「性暴力を許さない女の会」が発足し、交通機関への申し入れやシンポジウムの開催、当事者からの相談等の活動を開始する。[43]「性暴力を許さない女の会」と「セクシャルハラスメントと斗う労働組合ぱあぷる」が一九九三年から九四年にかけて実施した「STOP痴漢！　アンケート」では、二二六〇件の回答が寄せられ、七〇%以上の女性が電車の中で痴漢被害に遭ったことがあると回答している。このアンケート結果は、『痴漢のいない電車に乗りたい！　――STOP痴漢アンケート報告集――』という、女性たちの切実な思いがそのままタイトルになった報告書にまとめられ[44]、新聞・雑誌でも大きく取り上げられた[45]。女性たちは、痴漢ブームに手をこまねいていたわけではなかったのだ。

痴漢を取り締まる警察の活動にも力が入れられる。一九九三年には、警視庁鉄道警察隊が痴漢取締りチームを結成[46]、九四年には、埼玉県警鉄道警察隊に痴漢被害相談所が設けられ[47]、大阪府警鉄道警察隊では婦人警察官によるスリ・痴漢取締りチーム『A・PAL（エー・パル）』が発足し取締りにあたった[48]。千葉県警鉄道警察隊も、九五年に痴漢相談所を設けて、痴漢取締りを実施する[49]。

一九九五年に、大阪では阪神淡路大震災、東京では地下鉄サリン事件の影響で、鉄道施設の警備警戒が必要になったことから、駅のホームで制服警察官が警戒に当たると、被害女性からの申告や加害者を「突き出す」ケースが増えていく[50]。その数を重視した大阪府警鉄道警察隊がアンケート調査を分析したところ、警察に被害届が出されるのは一%程度にすぎないことがわかった[51]。そこで、鉄道警察隊は、労働組合ぱあぷるにも意見を求め、大阪府下の鉄道事業者一四社とともに同年七月に、痴漢取締りキャンペーンを実施した。そのひとつが「チカンは犯罪です」のコピーを配したポスターである。痴漢が犯罪行為であることを視覚的に訴える手錠の絵を配し、迷惑防止条例の条文、被害者女性に向けた撃退方法、周囲の乗客への協力呼びかけと、盛りだくさんの内容が書き込まれていた。[52]このポスターは、大きな反響を呼んだ。[53]同年には、兵庫県警でも、痴漢の集中取締りが行われている。

一九九六年二月、警察の被害者対策要綱が制定された。性犯罪事件対策に力が入れられ、その一環として、鉄道警察隊に、婦人警察官が常駐する痴漢被害相談所が置かれることになった。新聞や雑誌では、鉄道警察隊の痴漢防止活動を紹介する記事が多く掲載された。[54]

痴漢被害が多い路線では、一斉取締りが行われた。ＪＲ埼京線は別名「最凶線」と呼ばれるほどの痴漢被害が多発する路線として名をはせていたが、九七年二月に、警視庁はのべ一〇〇〇人の警察官を動員しての一斉取締りを行った。単に検挙を目的とするのではなく、痴漢行為そのものを抑止するため、制服警察官も多数動員された。[55]

こうした警察活動の結果、検挙件数や警察への痴漢被害相談件数は増加したが、痴漢行為そのものが増加したのではなく、潜在化していた被害が顕在化したというのが、警察の見方である。[56]『この人痴漢です！』と〝突き出す〟女性が急増中。さあ、あなたも…！」[57]と、警察に届け出ることを推奨する記事が多く書かれ、[58]こうした情報も、被害者に痴漢を「突き出す」後押しをしたと思われる。女性誌では、九〇年代半ばからは、単に、目の前の痴漢を撃退したり、被害に遭わないようにするだけでなく、現行犯逮捕のポイントを紹介するものや、[59]痴漢行為の代償は大きいことを知らしめるべく慰謝料の請求を促すもの、[60]痴漢事件の報道の在り方を問うもの等、[61]痴漢は犯罪であるという認識に立ち、痴漢という犯罪をなくしていこうという、社会的な視点を有した記事が増えていく。

一九九九年から二〇〇二年にかけて、それまで迷惑防止条例がなかった、京都府、鹿児島県等、一〇府県に条例が制定され、すべての都道府県で痴漢行為を禁止する迷惑防止条例が制定された。

1　男性行動研究会　1995　データハウス
2　ひさうちみちお　1995　サンマーク出版
3　山本さむ　1994　ベストブック
4　『SPA!』1996.2.21、『週刊朝日』1996.3.1、『週刊ポスト』1996.3.15、『週刊新潮』1996.2.1
5　『週刊ポスト』1996.3.15　55頁
6　「満員電車はパラダイスなのだ!!　満員電車徹底攻略」『フィンガープレス』1996　7　131頁
7　深笛義也「ニッポン主義者同盟　遊郭派　『痴漢』を取り巻く社会と文化を探る　『文化』として見た痴漢」『紙の爆弾』2009.3.4
8　「東西『痴女』出没マップ」『週刊大衆』1991.2.25　186頁
9　「女のコが許す〝通勤密着〟の限界点とは?」『SPA!』1993.6.30　52頁
10　「露出度の高いボディコン女ほど触りやすそうだけど……痴漢の狙うタイプ」『SPA!』1994.11.16　130頁
11　『SPA!』1994.2.2、『週刊実話』1997.8.28、『週刊読売』1997.3.16、『週刊朝日』1999.8.13等

12 「チカン野郎　こう見せて　こう触る！」『週刊テーミス』１９９０．11．14　１６２頁

13 『週刊テーミス』１９９０．11．28　１７８頁等

14 「爆笑　女は強い！　ＯＬ・女子大生１００人の大告白　わたしの痴漢体験と㊙撃退法教えます」『ＢＩＧ　ｔｏｍｏｒｒｏｗ』１９９２．５　２４５頁

15 「新人ＯＬ　vs　ベテラン痴漢　春季リーグ開幕秘話　ＯＬ１００人＋１によるチカン大アンケート」『ＤＩＭＥ』１９９３．６．３　96頁

16 『週刊実話』１９９７．10．16

17 『アサヒ芸能』１９９６．11．28

18 「間寛平の『セクシー美女対談』」『週刊大衆』１９９１．８．12　１７５-１７６頁

19 「リトルジョン佐藤のうるうるＧＡＬ口撃」『Ｇｏｒｏ』１９９１．７．25　１８８頁

20 「天然おろしたて美少女30人！　コギャルアイドル生け撮り大図鑑」『スコラ』１９９３．10．28

21 『Ｈｏｔ　ｄｏｇ　ｐｒｅｓｓ』１９９７．８．10　グラビア

22 「『痴漢電車』埼京線の謎」『宝島』１９９９．３．17

23 「トツゲキイラストルポ！　おとぼけトレンドウオッチング！　今日も街ボケ！　チカン電車の巻」『女性自身』１９９７．３．25

24 「本誌美女ミニスカ隊〝痴漢電車〟埼京線を肉弾検証！」『週刊宝石』１９９７．５．15

25 「〝痴漢〟実体験マンガ家は女子プロレス元世界チャンプ」『Ｆｌａｓｈ』１９９６．５．28　71頁

26 「揉んで揉んで20年！　やめられないとまらない〝痴漢〟男の爆弾発言」『宝島』１９９３．６．24

27 「そのまんま東のそいつぁ事件だッ」『微笑』１９９０．10．27　62頁

28 「高校時代の無垢な僕を、痴漢に走らせた一冊です（笑）」『ダ・ヴィンチ』１９９５．７　88頁　サンプラザ中野が「痴漢に走らせた一冊」だといっているのは、大江健三郎『性的人間』である。

29 牧野雅子『刑事司法とジェンダー』２０１３　インパクト出版会　１５３頁

30 「声を大にしては言えないお仕事　元痴漢の天才。その指の封印は二度と解かないで」『ＳＰＡ！』１９９４．10．26、「無趣味　悪趣味　危ない趣味」『自由時間』１９９４．９．15等

31　『毎日新聞』1999．8．4　地方版／愛知
32　『毎日新聞』1999．9．1　地方版／愛知
33　「東京vs大阪『痴漢』沿線マップ」『週刊実話』1997．8．28　192頁
34　第1部第1章を参照。
35　「首都圏痴漢路線」『週刊朝日』1999．8．13　27頁
36　「ハイパーOL倶楽部」『女性セブン』1996．7．25、「密着取材‼　婦人警官だけの〝痴漢バスター軍団〟登場」『Flash』1996．6．18
37　『これが答えだ！』1998　飛鳥新社　24頁
38　「短期集中リレー連載　V6のおでまし放課後クラブ　森田剛」『ザ・テレビジョン』首都圏関東版1997．10．17　25頁
39　これらは、筆者がこれまでインタビューを行ってきた男性の痴漢被害者の方々が語った、男性性被害者に対して投げかけられる偏見である。
40　『週刊ポスト』1999．9．24
41　『女性自身』1999．9．14
42　この事件の4ヶ月前の7月2日、大阪府警鉄道警察隊と東警察署が、地下鉄御堂筋線の痴漢集中取締りを行い、わずか2時間で10人が逮捕されたことは、週刊誌でも大きく取り上げられていたところであった（「関電、松下、大資産家の息子ら10人　大阪痴漢狩りにひっかかった一流企業社員」『週刊文春』1988．7．21、「『みんなでやれば…』の〝同好会〟大阪・御堂筋線の『痴漢同盟』」『サンデー毎日』1988．7．24、「根本敬のニュース・ショー　痴漢も連帯感は大切」『平凡パンチ』1988．7．28、「チカン同盟御用！『ささいな罪』で『人生』を棒にふった⁉〝愛好者たち〟の嘆き」『週刊明星』1988．7．28）。
43　性暴力を許さない女の会『女が視た「地下鉄御堂筋線事件」』1990
44　性暴力を許さない女の会・セクシャルハラスメントと斗う労働組合ぱあぷる『痴漢のいない電車に乗りたい！　――STOP痴漢アンケート報告集――』1995

45　『朝日新聞』１９９５．５．31　17面、『週刊プレイボーイ』１９９５．10．３　２３３頁
46　『朝日新聞』１９９４．６．１　夕刊　14面
47　『日刊警察』１９９４．８．９　２面
48　『大阪府議会　平成11年2月定例会警察常任委員会』3月4日　1号　24頁
49　『日刊警察』１９９５．６．22　３面
50　『毎日新聞』１９９７．９．３　４面　大阪府では、１９９５年の迷惑防止条例違反のうち、粗暴行為等（痴漢等）の検挙件数は１９８件で、前年１３３件の１・５倍であった（大阪府警察本部総務部情報管理課編『統計から見た大阪の事件・事故（平成7年）』１９９６）。このほとんどは、電車内の痴漢行為であるという。警視庁では１９９５年の迷惑防止条例違反のうち、卑猥行為の検挙件数は６２０件で、前年４２２件の１・５倍であった（痴漢えん罪被害者ネットワーク編『ＳＴＯＰ！痴漢えん罪』２００２　現代人文社　３頁）。
51　『朝日新聞』１９９５．５．10　25面
52　大阪府警察本部地域部鉄道警察隊『鉄警おおさか』１９９５　号外（72頁コラム参照）
53　「大阪府警の痴漢撲滅ポスター電車内での読まれ方」『週刊読売』１９９５．７．16
54　『読売新聞』１９９８．７．30　25面、１９９８．12．26　東京夕刊　14面、１９９９．４．21　横浜28面、『毎日新聞』１９９８．１．25　奈良　23面、『朝日新聞』１９９６．３．11　夕刊　13面、１９９７．３．26　滋賀版、１９９９．２．16　夕刊　17面、「密着取材!!　婦人警官だけの〝痴漢バスター軍団〟登場」『Ｆｌａｓｈ』１９９６．６．18、「浪花の婦警さんチーム『Ａ・ＰＡＬ』の覆面捜査に密着！」『女性自身』１９９９．４．６等
55　『読売新聞』１９９７．２．17　31面、「埼京線『痴漢』退治で警視庁千人動員の成果」『週刊新潮』１９９７．３．６
56　『読売新聞』１９９８．12．26　夕刊　14面
57　「『この人痴漢です！』と〝突き出す〟女性が急増中。さあ、あなたも…！」『女性自身』１９９７．５．20

58 『朝日新聞』1997.4.26 夕刊 23面、1997.6.5 埼玉版、1998.1.20 夕刊 2面、『読売新聞』1998.12.26 夕刊 14面

59 「許せないチカン野郎 私はこうして退治した」『With』1997.4

60 「『パンツの中に手』で100万円 続発する痴漢。慰謝料の相場は」『女性セブン』1999.9.30

61 「最近、痴漢が多すぎる！ もっと罰してほしいが、加害者が実名だったり匿名だったりする。いったい何故？」『女性自身』1997.7.15

## 5　二〇〇〇年以降～痴漢冤罪と依存症へ

### 痴漢冤罪という問題

痴漢が犯罪であり処罰の対象となるということが周知される一方、痴漢行為は行っていないにもかかわらず痴漢犯人として検挙されたという事例が二〇〇〇年頃から数多く報告され、社会問題となった。それらは、発生場所（電車内、路上、デパート等）や態様（触る行為、見せる行為）、犯人とされた事由（虚偽の被害申告、鞄が当たったなどを痴漢被害と勘違い、被害はあったが犯人と人違い）は一様ではないが、痴漢冤罪問題として、社会問題化された。これまでにも、痴漢の誤認逮捕事案は起こっており、メディアでも警鐘が鳴らされていたが、二〇〇〇年に無罪判決が相次いだことにより、痴漢冤罪被害という男性の問題として浮上したのであった。

二〇〇一年には日本弁護士連合会が痴漢冤罪問題についてシンポジウムを開催して司法の問題を問い、痴漢冤罪をテーマにしたドラマも放映されるなど、痴漢冤罪問題は痴漢被害問題とは異なる形で社会問題化が進んでいく。二〇〇二年には、痴漢冤罪被害者が痴漢事件における司法のあり方を変えていくために「痴漢えん罪被害者ネットワーク」（後に痴漢えん罪被害者救済ネットワークに改称）を結成する。

痴漢冤罪被害については、警察が逮捕段階で提供した情報により被疑者が実名報道されることの弊害が問題になっており、メディア報道のあり方も問われた。朝日新聞社は、二〇〇四年六月、「事件の取材と報道二〇〇四」という指針を発表、痴漢事件で逮捕された被疑者が私人の場合には匿名報道とすることとした。

度重なる無罪判決を受けて、警察庁は全国の警察に痴漢事件の立件方針に関する通達を出し、被害者の供述の吟味や物的証拠に基づいた捜査を行うことを指示した。しかし、それ以後も無罪判決が続いたことから、警察庁は、二〇〇九年、更に痴漢事件捜査についての通達を出し、私人逮捕による検挙から、複数の警察官の現認による現行犯逮捕によるものへと、検挙方針の転換を促す。それにもかかわらず、複数の警察官が犯行を確認したという事件でも無罪判決が続いた。これまでの痴漢冤罪問題では、被害女性の供述を鵜呑みにした捜査に問題があると指摘されてきたが、警察官が犯行を確認して犯人を確保したケースでも、捜査に問題があったと判断されたということは、痴漢冤罪は被害女性の問題なのではないということが示されたともいえる。

二〇〇七年、痴漢冤罪事件を扱った周防正行監督による映画『それでもボクはやってない』が公開されると、痴漢冤罪問題が再び大きく社会問題として浮上する。この映画は、司法の問題に取り組み、社会問題を扱ったということのみならず、娯楽作品としても高く評価された。

以後も、痴漢だと指摘された男性が逃走する事件や、女性専用車両にあえて乗り込む男性たちによる迷惑事件がたびたび報道され、そのたびに、ネット上では、痴漢被害そのものを訴える女性たちと、冤罪被害や男性差別を主張する男性たちの声が上がる。

　二〇〇〇年代に入ると、それまで恒例行事のようであった男性誌の痴漢に関する記事が激減する。痴漢の多い路線を紹介したものや、痴漢の手口を詳細に教えるもの、被害とは無関係な女性の裸体写真と組み合わせてあたかもポルノ小説のような文体で書き起こした記事は姿を消す。代わりに増加したのが、痴漢冤罪問題を扱った記事である。男性誌は軒並み、痴漢冤罪問題を取り上げ、さながら痴漢問題は冤罪問題であるかのような様相を呈していた。

## 女性専用車両をめぐる問題

　二〇〇〇年一二月、京王電鉄で、深夜の女性専用車両が試験運行された。翌年二月からは平日二三時以降の女性専用車両が定期化される。七月には深夜の埼京線に専用車両が登場、二〇〇二年には、ＪＲ西日本、名古屋市営地下鉄東山線、大阪市営地下鉄御堂筋線等でも痴漢被害防止の目的で女性専用車両が運行される。女性専用車両については、女性誌でもたびたび取り上げられた。内容を大別すると、女性専用車両の必要性やあり方を巡るもの「関西で増殖中の女性専用車両。あなたは賛成？　それとも反対？」[2]や、導入後の女性専用車両のレポート[3]、女性専用車両の乗車資格をめぐる問題[4]である。

　これまでにも、痴漢被害防止のための女性専用車両の必要性は叫ばれてきたが、痴漢冤罪問題が浮上し、男性からも女性専用車両を求める声が上がっていた。女性専用車両は全国に広がっていくが、女性専用車両は一般男性乗客を排除する男性差別にほかならないという主張もされた。二〇〇三年には、「女性専用車両に反対する会」が発足し、以後も反対活動を続けている。

女性専用車両が痴漢被害が多発している多くの路線で導入されて、ラッシュ時の痴漢被害を防ぐことはできても、痴漢はバスや特急電車の中でも起こる。二〇〇六年八月には、特急電車内で女性がわいせつ行為の後、車内のトイレに連れ込まれて強姦されたという事件が発生し[5]、二〇〇九年には、電車内で痴漢行為をされた上に公衆トイレに連れ込まれて強姦されたという事件が起こった。[6] いずれも、多くの乗客がいるにもかかわらず起こった事件であり、電車内の痴漢はラッシュアワーの混雑した車内で起こる軽微な行為ではないことを、改めて知らされることとなった。

二〇〇九年、犯行の抑止と犯行現場の証拠採取のため、埼京線に防犯カメラが試験的に設置された。翌年には、本格導入され、後に、京王電鉄でも採用された。警察は同年、子どもと女性を性犯罪等の被害から守るための体制を強化すべく、各都道府県警察の生活安全部門に専門の対策班を新設し、女性警察官を動員して、これまで以上に、性犯罪防止の啓発活動に力を入れるようになった。しかし、満員電車を避けるとか、隙を見せるな等の、要領を得ない防犯指導も多く、被害者非難に繋がるものや、肌の露出が痴漢を招くといった、事実とは異なるいわゆる強姦神話に基づいた指導も少なくない。

二〇一〇年、関東の鉄道会社と警察は、合同で痴漢撲滅キャンペーンに乗り出す。二〇一三年には、撲滅キャンペーンのポスターが作成され、毎年画風の異なるポスターが話題になった。

## 女性誌における痴漢対策の変化

女性誌では、これまでの、被害体験を語り合ったり、加害者への思いをぶちまけて溜飲を下げたりという、体験や感情の共有の場としての記事が減少し、防犯情報の提供や、防犯意識を高揚させるものへと変化している。SNSの普及等により、雑誌媒体そのものの役割が変わって来ていることも要因だと思われる。「夏の『キケン』完全撃退バイブル」[7]、「夏になると増殖！不愉快、ムカツク‼　チカン撲滅隊が行く！」[8]、「女のための防犯・防災サバイバル検定'05」[9]、「今どきの自己防衛ルール」[10]等、警察や安全生活アドバイザーへの取材により痴漢から身を守る術、とりわけ、痴漢から狙われない女性になるための情報が提供される。

「これまでに、三人のチカンを警察に引き渡し、それ以外にも無数のチカンを撃退し続けてきた」という女性の取材記事は[11]、女性誌ならではのものである。痴漢を突き出す女性を紹介し、その方法を伝授して、読者を励ます。誰もが痴漢の被害者になり得る、多くの女性が被害に遭っているという前提が共有されているため、被害者を非難する視点がなく、容姿が値踏みされることもない。痴漢は犯罪だという認識があるため、被害に遭った場合の届出の仕方や[12]、痴漢逮捕に協力した場合の遅刻証明書の発行情報[13]、実際に警察に届けた人の体験談にいたるまで[14]、具体的で有益な情報が読者に提供されている。

一方で、防犯という概念は、被害者の非を責めることに繋がりやすい。誰もがいつも指導の通りにできるわけがなく、その通りにしていても被害に遭うときには遭ってしまう。通勤途中の女性警察官ですら、痴漢被害に遭うのである。[15]気をつけさえすれば被害は防げるというものではない。加害者を免責してしまうおそれもある。加えて、痴漢を念頭に置いた防犯指導には強姦神話が入り込みやすく、女性誌も例外ではない。「これから夏にかけて、薄着になるなど肌の露出も増え、痴漢被害も急増します」とは、安全防犯アドバイザーの弁だが、[16]痴漢被害は肌の露出によるものではないことは、これまでにも十分指摘されてきたことであった。

## しぶとく残る強姦神話

記事数が少なくなっても、男性誌を中心として強姦神話がなくなっているわけでもない。『週刊大衆』の「被害激増二〇〇一年夏ニッポン『痴漢』列島　電車の中の欲情犯罪『最新手口』」では、「この季節に痴漢を誘発するのは、露出度の高い服、それに女性から漂う香水やシャンプーの匂いだ」[17]と、女性の肌の露出によって痴漢が誘発されるという。『週刊実話』の「夏の風物詩　あなたの痴漢になる危険度　チェック」では、痴漢について、「『心の底からイヤ』と思う女性ばかりでもないらしい」「セクハラと同じで、相手に受け入れる気持ちがあれば犯罪にはなりにくい。理不尽なことに、触り方の下手な、身勝手な男が逮捕されているようなのだ。警察官の逮捕が多いというのも、なんとなくうなずけるというものだ。嫌な痴漢は突き出し、上手な痴漢は楽しむ。女性たちは、けっこうしたたかに痴漢を活用（？）しているのだ」[18]と、都合の良い解釈を行う。

痴漢の原因を男性の生物としての「性」にもとめ、「男の性が〝ばら撒く性〟である」から、痴漢が起こるのであり「男なら誰にもある痴漢本能」[19]というのはエッセイストの諸井薫である。同じくエッセイストの竹内久美子も、痴漢の動機を生物学的説明に求める。

男の場合、極端な話、次の繁殖のチャンスは、一度放出した精子が回復したとき。よってダメで元々でどんどん女にトライする……。

痴漢、下着ドロ、盗撮といった行為の主がもっぱら男であるのは、この、ダメで元々、やれることは何でもやってみよう精神の現れ、それもかなり暴走気味の現れ、ではないでしょうか。[20]

痴漢被害に遭って女性は性的に感じるものだという記事も相変わらずである。これまでは、女性は感じているはずだという男性の思い込みが語られるものが多かったが、二〇〇〇年代は、女に語らせる形式の記事が多くなる。

「もうちょっと触っててもらいたいなぁ……って思うことあるよね～」「私はお金で責任を取ってくれればいいってカンジ♡」「私は怒りのほうが強いわ　お金よりも家族とか会社に

知らせてフツーに暮らせなくしてやらないと気がすまない！」（『ＳＰＡ！』二〇〇五・六・二一）[21]

最近も時々、痴漢にあうんですけど、とくに私は朝に性欲が高まるので、通勤電車でうまく触ってほしいと思っている時もあるんです。（『週刊現代』二〇〇六・九・二三）[22]

元ＡＶ女優の川奈まり子も、『週刊大衆』に、同様のコラムを載せている。

チカンされちゃって、感じちゃってる自分に、あるとき気がついて、愕然としたのが、そもそもの始まりで……（中略）

もっちろん、イヤだったわよ。だけど〝いやよ、いやよも好きのうち〟ってな感じかな。たま〜に、ホントにたま〜にね、感じちゃうときがあって。一〇回に一回よ。さまざまの要因が複雑に絡み合って、〝イヤだけど、あ、あ、あうん♪〟って。（『週刊大衆』二〇〇二・一・一四）[23]

川奈は後に、ＡＶの「痴漢モノ」の定番である「痴漢されて女性が感じる」のはファンタジーにすぎず、「そんな女性（引用者注：痴漢されて感じる女性）は一万人に一人もいません。たとえば男性がアナルレイプされて喜びますか？　それと同じだと思ってください」[24]と、現実と結びつけてはならないと、厳しく言い放っている。男性誌に、女性の手によって、女性が痴漢されて感じるのだと書かれることもまた、ＡＶの痴漢モノと同じファンタジーである。だが、こうした誌面の読者やＡＶの利用者たちは、それが「ファンタジー」であると認識しているのだろうか。漫画家の倉田真由美は、男性編集者との会話で、痴漢の話題になった時、「ちなみにこういう痴漢話をすると、近しい関係の男なら九割聞いてくるのが、『で？　気持ちよかった？』ということである。別にいいけど、『実はね……』なんて話、聞けるわけないのになと白々しく思うのである」[25]と、現実とファンタジーを区別できない男性が少なくないことを書いている。

## 性依存という視角

近年、痴漢問題に対するアプローチに変化がみられる。痴漢、とりわけ常習者を性依存とみなし、医療的なアプローチによって行為者の行動や認識を変容させるというものである。[26]痴漢が性依存という病理化によって医療の対象となり、加害者個人の問題へと視点が移っていく。

痴漢冤罪被害事件の多くは、人違いによるものだといい、常習者が、側にいる男性を盾にして犯行を行い、罪をなすりつけて逃走したものだという見方もある。常習者を依存症とみなして治療対象にすることは、常習者の再犯を防止する上で有効である。常習者の再犯を防ぐことができれば多くの男性にとって痴漢冤罪被害に遭う可能性が減り、女性も、被害に遭う可能性が減る。これは、女性にとっても男性にとってもメリットのあるアプローチである。

『ＳＰＡ！』は二〇一七年に「もはや国民病⁉〈潜在痴漢一〇万人〉の衝撃[27]」で、このアプローチを取り上げている。痴漢常習者には、露出の多い女性は痴漢を待っているとか、女性は痴漢をされて喜ぶものだという、特有のゆがんだ女性観があり、痴漢を正当化するロジックとしてこじらせていくのだという。しかし、ここで、思い出しておきたい。これまでの痴漢をめぐる言説を見てきてもわかるように、メディアは、痴漢をカジュアルな性行為のようにみなして男性たちにすすめ、声をあげられない女性は受け入れているのだと思い、届け出ないのは痴漢を喜んでいるからだと解釈し、女性たちの被害経験を性的な読み物とみなし、犯罪であると周知されても、どこまでなら許されるのかをじりじりと試し、告発の声を外見の美醜を判定する声で黙らせ、女性が自衛をすべき問題だといい、その上、痴漢だという女性のひと声で男性の一生が終わってしまうかのような情報を世に提供してきた。

再犯防止のために、加害者の中にあるゆがんだ女性観を問題視すべきなのであれば、そうした女性観を提供してきたメディアは、真っ先に胸に手を当てていなければならない。それは、加害者が自らの加害行為に向き合い、自身の認知のゆがみを正すのと同様、容易なことではない。それにもかかわらず、痴漢＝性依存というアプローチを、すんなりと受け入れることができるのだとすれば、メディアの男性たちは、痴漢は依存症患者の問題であって、自分たちとは無関係であるとして、自身の責任に向き合わず、第三者的な立場で論じているだけだからだろう。

そのアプローチが受け入れられるのは、それが、自分の世界観を揺さぶることがなく、痴漢「加害」は自分の問題であると男性たちに突きつけることがないからではないだろうか。痴漢が、病理化された一部の人たちの問題なのであれば、多くの人は痴漢という問題に無関係でいられる。痴漢冤罪に怯え、女性専用車両から閉め出された「被害者」として、物申すことも可能である。しかし、これまで見てきたように痴漢は日本の「文化」ですらあったのだ。痴漢＝性依存というアプローチは、多くの男性たちに自分たちもその「文化」の担い手であったという事実から目を背けさせやしまいか。

1 『週刊ポスト』1995.5.26 57頁
2 『週刊女性』2004.10.12
3 「本誌女性記者体験取材！『女だけ…』でもそれはちょっとマズイでしょ！」『女性自身』2005.4.26
4 「女性専用車両・新問題『おばさん、乗る必要なくない』差別」『女性セブン』2005.6.9
5 『読売新聞』2007.4.22 35面
6 『毎日新聞』2009.10.31 29面
7 『ｎｏｎ・ｎｏ』2000.8.5
8 『セブンティーン』2000.7.15
9 『シュシュ』2005.7.25
10 『レタスクラブ』2005.4.25
11 「不快指数100 しつこ～いチカン撃退法！『チカン退治の達人』が伝授 あなたにもできる」『週刊女性』2001.8.14
12 「真夏の『そこにある危機』から身を守れ！」『ｎｏｎ・ｎｏ』2002.7.20

13 『週刊女性』２００５．５．17　２１２頁
14 「被害女性が誌上激白　痴漢にあった下着をめぐりダブルショックが！」『週刊女性』２００９．12．8
15 『毎日新聞』２００９．12．8　大阪夕刊　9面、『読売新聞』２０１２．10．17　大阪夕刊　10面、『朝日新聞』２０１５．2．19　名古屋　27面
16 「こんな時代だから…いますぐ護身術」『女性セブン』２００７．6．21
17 「被害激増２００1年夏ニッポン『痴漢』列島　電車の中の欲情犯罪『最新手口』」『週刊大衆』２００1．8．13　35頁
18 「夏の風物詩　あなたの痴漢になる危険度　チェック」『週刊実話』２０００．7．13　17頁
19 諸井薫「飛耳長目録　痴漢跋扈の時代」『ビジネス・インテリジェンス』２０００．6　33頁
20 竹内久美子「ドコバラ！　16回『痴漢して何か意味があるのか⁉』」『週刊文春』２００８．3．20　１２０頁
21 さかもと未明「憂国妄想マンガ　ニッポンの未明　第１２２話　未明流の痴漢撲滅法」『ＳＰＡ！』２００５．6．21　１０２頁
22 記事中Ｂ子さんの証言として。長谷川純子「痴漢電車に乗って　第3回　赤裸々告白・痴漢の指で感じてしまう女たちの悲しい性」『週刊現代』２００６．9．23　１６９頁
23 「川奈まり子の愛してあげる！」『週刊大衆』２００２．1．14　１０２‐１０３頁
24 『週刊現代』２０１２．12．15　１７７頁
25 倉田真由美「フリドラ男　１２８回　痴漢に遭って気持ちいい？　んなわけないでしょ」『週刊朝日』２００９．10．30　49頁
26 たとえば斉藤章佳『男が痴漢になる理由』（２０１７　イースト・プレス）。
27 「もはや国民病⁉〔潜在痴漢10万人〕の衝撃」『ＳＰＡ！』２０１７．9．5

# 3.

# 痴漢冤罪と女性専用車両

## Ⅰ　いま、冤罪ばかりが語られる理由

### 痴漢冤罪被害という問題

二〇〇〇年、痴漢事件で無罪判決が相次ぎ、痴漢冤罪が社会問題としてクローズアップされた。

ちかんで逮捕の会社員に無罪　東京簡裁が判決（『朝日新聞』二〇〇〇・四・一三・三八面）
電車のちかん、また無罪判決　東京簡裁（『朝日新聞』二〇〇〇・八・一二・二七面）
「痴漢」二審でも無罪「犯人特定できぬ」東京高裁判決
（『朝日新聞』二〇〇〇・八・二九・夕刊　一四面）

それまでにも、痴漢に間違われて気まずい思いをした男性たちの体験談や、通勤電車の中で痴漢に間違われないための対策は、新聞や雑誌にたびたび掲載されていた。痴漢に間違われた時の言い訳を読者から募集し、おもしろおかしく紹介する記事もあったほどだ。

身動きできないほどギュウギュウの満員電車。突然女性の叫び声。「この人、痴漢よ〜」シンと静まり返った瞬間、一斉に向けられる乗客の白い目、目。疑いのかかったのが、もしあなただったら？　何とかしてヌレギヌを晴らして、その場で無実を証明しなければ最悪の場合は警察沙汰になる怖れも充分にあります。怒っている相手に勘違いを納得させ、車内をなごますジョークを覚えておけばこんなピンチにあっても大丈夫。

女性「小刻みに体を動かさないで！」
間違えられた人「ピストン運動してるのは、ピストン輸送してる電車の方なんですよ」

女性「ちょっと、何すんの！」
間違えられた人「何で店ではよくて、電車じゃダメなんだよ⁉」

（『ＢＩＧ　ｔｏｍｏｒｒｏｗ』一九八九・四・2）

この言い訳で、相手の女性の気持ちを和ませられると考えているところも問題だが、ここに、痴漢に間違われることに対する忌避感はさほどない。間違われることがすぐさま警察に行くことを意味しておらず、間違われることへの屈辱感も感じられない。

かつては、メディアも、痴漢に間違われた人が必死に濡れ衣を晴らそうとする態度を揶揄し、嗤《わら》いもしていた。

会社員は、その後も警察や東武鉄道を訪れ、「痴漢行為はしていないという証明書を書いてくれ」と要求したりした。これほどまでに身の〝潔白〟を証明したいのだろうか。

（『週刊新潮』一九九〇・三・二二）[3]

弁護士への取材記事からも、二〇〇〇年代に痴漢冤罪が問題になる以前は「冷静に言い分を話せば警察だってわかる」[4]という程度の認識であったことが窺え、痴漢被害自体が軽視されていたこともあってか、痴漢冤罪の問題も軽視されていたといえる。痴漢被害に遭った女性を助けて痴漢を逮捕するとヒーローになれると、男性に、痴漢逮捕のポイントを教える記事もあったほどである。[5]一九九〇年代までは、今で言う痴漢冤罪被害の視点はない。

痴漢事件の無罪判決は、それ以前から出ており、雑誌に取り上げられてもいた。[6]しかし、二〇〇〇年頃から問題になった痴漢冤罪問題は、これまでとは異なる意味を持つものであった。

二〇〇〇年は、一年間に八件もの痴漢事件で無罪判決が出た他、[7]二〇〇〇年四月一九日の『朝日新聞』によれば、東京簡易裁判所だけでも「痴漢の逮捕を巡って争われている例が二十件ほどある」（二二面）といい、無罪判決は、単に個別の事件が無罪であったというにとどまらず、背後に大きな問題があることを窺わせ、無罪判決が出たことで、無罪になるべき多数の事件や当事者が存在するであろうことを男性たちに想像させた。二〇〇〇年以降に大量に出版された痴漢冤罪問題についての記事からわかるのは、無罪判決は、司法の風向きが変わる明るい話題としてではなく、一度疑われたらここまで闘わなければならない絶望的な現実として、描かれているということである。たとえ人違いや被害者の勘違いであっても、一度痴漢だと名指しされたら、警察に連行されて犯人として検挙され、起訴されれば有罪率九九%と、痴漢だと叫ばれることはそのまま有罪へのベルトコンベアに乗せられてしまうことだと恐れられた。無罪判決という、冤罪に苦しみ不安を抱えている者にとっては朗報であるはずのケースをもって、有罪へのベルトコンベアの存在が強く照射されることになったのは皮肉なことである。

一度女性に痴漢に間違われたら、誰にも自分の弁明を聞き入れられず、裁判でも有罪判決が下される。男性にとって、そうしたイメージはいつでも起こり得る問題として受け入れられただけでなく、電車通勤をする夫の問題として妻である女性にも共有された。痴漢冤罪が社会問題化すると、女性誌にも、夫が痴漢冤罪被害に遭わないための対策や、夫の冤罪を晴らす妻の物語が大量に掲載されるようになる。[8]「今のままだと、あなたの大切な恋人や夫が痴漢に間違えられてそのまま勾留されてしまうということが、いつ起こっても不思議ではないのだ」[9]と、夫が冤罪被害に遭うかもしれないという視点から、女性にも痴漢冤罪問題に関心を持ってもらおうという趣向である。

女性向けの記事には、痴漢被害に遭った場合にも、冤罪の可能性を念頭に置いた対応が必要だというアドバイスが掲載された。[10]『サンデー毎日』では、「冤罪を防ぐために女性の側から、加害者を特定するための努力をしなければならないでしょう」と安全生活アドバイザーも注意を喚起する。[11]痴漢だと声をあげるときには、加害者を特定して「客観的な証拠」となるような行動をとることが呼びかけられる。読者にとっては、痴漢だと声をあげることのハードルが上がったように感じただろう。

二〇〇二年の『女性自身』によると、タレントのベッキーは、これまで三度、警察に痴漢を突き出したことがあるという。[12]その捕まえ方は、雑誌やテレビ番組でも披露され、痴漢被害に遭っても泣き寝入りしてきた女子高生を勇気づけた。その一方で、冤罪の可能性はなかったのか、まねをして痴漢被害をでっち上げる女子高生が出てくるのではないかという、批判の声もあがったという。[13]

## 行ってはいけない駅員室

冤罪問題が報道された当初から、被害女性によって痴漢だと駅員に突き出されることが逮捕を意味すること、逮捕されれば自分の無実の主張は聞き入れられず推定有罪のベルトコンベアに乗せられるという認識が次のように一緒に語られていた。[14]

痴漢は女性の告発だけで逮捕でき、ほぼ一〇〇％有罪になるという背景がある。女性が痴漢を駅員に突き出した場合、その時点で現行犯逮捕となる。

（『週刊ポスト』一九九九・一二・一七）[15]

つまり、駅員室へ行けば、警察に引き渡されることはほぼ間違いない。警察ではその時点

（図11）2017年痴漢事案（電車内）
検挙等種別（大阪府警）

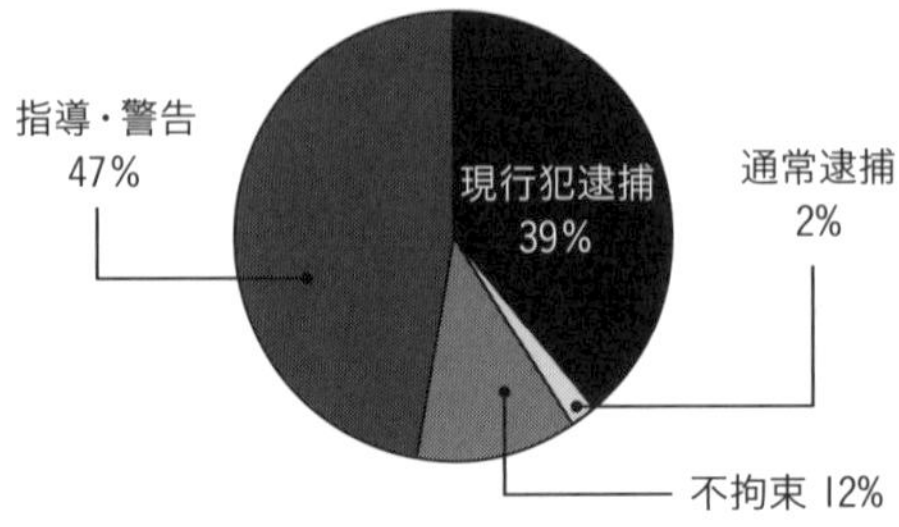


で、逮捕案件として扱うから、現行犯逮捕されることになる。[16]
（『創』二〇〇〇・一二）

弁護士も、「『駅事務室に行く』ことは即、留置場への直行を意味している」[17]と、こうした認識を支持した。実際には、任意事件として扱われるケースも多く、逮捕されなかった事例や統計数値も雑誌や新聞に掲載されていたのだが、駅員室に行くことが現行犯逮捕を意味するという強烈なメッセージは、これらを打ち消すほどのインパクトを持っていた。

筆者が、大阪府警察本部に情報開示請求を行い提供を受けた「電車内・駅構内における痴漢、盗撮等の把握状況」によると、二〇一七年に条例違反が適用される電車の中の痴漢事案で加害者が判明しているもの二二一件中、現行犯逮捕されたものは八七件、通常逮捕は四件、不拘束（任意事件）は二六件、そして最も多いのが「指導・警告」の一〇四件であった。[18]現行犯逮捕されたケースが加害者が通報された痴漢事件にしめる割合は三九％であり、通常逮捕された件数と合わせても逮捕件数は半数に満たない（図11）。

こうした事実があるにもかかわらず、警察に引き渡された段階で現行犯逮捕されているという話が流布される。実際には逮捕どころか、警告止まりのケースが多いのだが、そうした情報は参照されずに、駅員に通報されれば逮捕されるという話が広まっている。指導・警告のケースが多いという情報は、痴漢冤罪を恐れる男性にとっては不安を解消する情報であると思われるが、こうした情報を提供するメディアは現れず、駅員室に行くことが逮捕を意味するという誤った情報が垂れ流され続けている。

不正確な情報の流布は、冤罪事件の発生件数にもいえる。男性誌には、「このケースに限らず、痴漢事件では、めちゃくちゃな理由で冤罪が毎日のように生み出されている」[19]のような、不正確な情報で読者をいたずらに煽る記事や、根拠が示されることもないままに「痴漢に対する取り締まりが強化された反動で、女性が示談金目当てに狂言で痴漢被害を訴えるケースも増加している」[20]とあたかもそれが事実であるかのような記事が掲載される。

男性を主な読者に想定している雑誌では、折に触れ、電車や駅で痴漢に間違われた時の対策が記載される。痴漢に間違われた時の対策について弁護士によるアドバイスを記した雑誌記事や書籍を見てみると、それらに共通しているのは、駅員室には行くなというもので、駅員室に行くことが実質的な現行犯逮捕を意味するという前提に基づいていることがわかる。そこで、対策は、駅員室に行かないためにどうするかに焦点が当てられたものになる。

走って逃げても良いと映画監督周防正行との対談で述べるのは、テレビ番組にも出演している北村晴男弁護士である。

僕は講演などでそのテーマについて話す時には、必ず触れることにしているんですけど、「痴漢だ」と疑われて、本当にやってないのであれば、「絶対にオレじゃないぞ」と言って、そのまま帰りなさい、場合によっては走って逃げろ、と。（『現代』二〇〇七・三）[21]

その一方で、たとえ逃げきれたとしても通常逮捕される可能性を指摘する者もおり[22]、北村弁護士の助言は必ずしも有効ではないようである。名刺を渡して、いつでも連絡が取れる状態であることを相手に納得させてその場から離れるように勧める者もいるが[23]、名刺を渡すことは会社に連絡されたり通常逮捕される怖れがあるから勧めないという者もおり[24]、専門家の意見は分かれている。無実であれば、逆にこちらが告訴をすると宣言せよという意見もあれば[25]、訴えると言って牽制するのはむしろ相手を刺激して危険だという意見もある[26]。痴漢をしていれば手に被害者に由来する繊維が付着しているはずだから、無実であることを証明するために、手に付着した微物の検査を要求するように勧める者もいる[27]。しかし、触っていなくても類似した繊維が検出されるおそれがあることから、微物検査を勧めない論者もいる[28]。どのアドバイスにも反論があり、決定打はない。

しかし、そもそも、痴漢に間違われて駅員室に行くことは現行犯逮捕されることを意味するという前提自体が事実ではないのに、現行犯逮捕を免れるための方策を探ることに、どれほどの意味があるのだろうか。

## 痴漢被害と痴漢冤罪被害

痴漢冤罪が社会問題化されると、女性が痴漢被害に遭っているといえば、「男が痴漢の〝被害者〟になることもある」[29]、「いまや男女を問わず、被害者が出る痴漢犯罪」[30]等、男性「も」被害者だという言説が増えてくる。しかし、ここでいう男性の「被害者」とは、痴漢被害に遭った男性のことではない。ここでは、痴漢に間違われることが被害であり、その不安に怯える人たちも「被害者」であるかのように扱うのだ。それによって、痴漢という性暴力の被害者と冤罪に怯える男性が対置させられる[31]。

痴漢被害者を、被害者という立場から引きずりおろすことで、痴漢被害者と痴漢冤罪被害者を対比させる論法も見受けられる。痴漢冤罪問題を扱う弁護士の荒木伸怡は、痴漢冤罪についての論考で以下のように述べる。

> 現行犯逮捕した私人から被疑者を最初に受け取るのは、自称被害者が電車内での痴漢被害を訴えている場合には、実は駅職員である。被疑者が自白している事案であれば、そのまま警察に連絡して引き渡している現状に、合理性がないわけではない。しかし、痴漢冤罪事件は鉄道会社にとりお客様である、乗客と乗客とのトラブルである。痴漢冤罪被害者は、興奮している自称被害者も駅事務所に行けば冷静になり、しかも、第三者である駅職員も交えて話し合えると期待して、駅事務所に行くのである。したがって、自称被害者と被疑者の言い

分を尋ねてメモを作成しつつ、必要に応じて助言をして、乗客同士のトラブルの解決に努めるのが、鉄道会社が本来とるべき方法である。警察への通報は、駅事務室では解決がつかない場合に、行われるべきなのである。

もしも鉄道会社が、トラブル解決にまでは自信がないとしても、自称被害者と被疑者の言い分を尋ねてメモを作成すること（初期記憶の証拠保全）までは、乗客を安全に輸送する義務を負っており、乗客を平等に扱うべき義務がある以上、駅職員が必ず行うべきである。[32]

「自称被害者」という呼称が使用されることによって、被害当事者は被害そのものを疑われ、被害者として主張する立場を奪われる。それによって、被害申告は、傾聴すべき語りから、その内容の真偽を厳しく審査すべきものへと変わる。確かに、痴漢に間違われた男性にとっては、厄介なトラブルであることは間違いがない。しかし、一方で、その人物が犯人ではなかったにせよ、被害に遭った女性にとっては、紛れもない犯罪被害であり、単なる「トラブル」ではありえない。それを、間違われた男性にとっては「トラブル」だからと、女性の性被害を「トラブル」という位置に引きずりおろすことは、刑事手続き上も問題があるのではないか。

また荒木は、痴漢は女性に対する許し難い暴力であるという、女性被害者に肩入れする意見には、痴漢冤罪被害者の家族を持ち出して、次のように述べる。

痴漢えん罪被害者救済ネットワークの活動など痴漢冤罪被害者が注目され始めていること

に対して、膨大な痴漢被害は無視されている旨の、批判的意見が述べられた。しかし、痴漢行為中の犯人の手を捕まえたままにその手の人物を特定するなど、犯人と被疑者との同一性の特定が確実である場合以外には、痴漢被害が実際にあった事案においても被害者が痴漢冤罪事件を生じさせており、その被害者とされた男性はもちろん、女性も含まれているその家族を、苦しめているのである。（『痴漢冤罪の弁護』二〇〇四[33]）

痴漢をされたと自称する女性により私人逮捕され、身に覚えがないと否認を続けると、長期間勾留される上に実刑判決まで受けることが少なくない男性だけが、痴漢冤罪被害者なのではない。長期間の勾留を理由に退職を迫る会社が少なくないのであるから、逮捕・勾留により路頭に迷うばかりでなく家庭崩壊に至ることもある妻子も、痴漢冤罪の被害者である。私は、フェミニズムにもセクハラ防止にも、決して反対ではない。しかし、たとえこれらの立場に立つとしても、痴漢冤罪事件は女性が女性を苦しめている事件でもあるのだから、痴漢被害を訴える女性の側にのみ立って、痴漢冤罪被害を受ける側の女性を切り捨てている刑事司法過程の現状は、いただけない。（『捜査研究』二〇〇三[34]）

ここで被害女性は、冤罪被害男性のみならず、その家族、とりわけ妻という女性を苦境に陥れる存在として描かれている。家族の女性を取り込んだ女性の分断を煽る手法といえる。しかし、それならば、被害者の父親はどうだろう。パートナーは？　被害女性の身近な男性もまた、痴漢被害に苦しんでいるとは思わないのだろうか。だが、彼らの姿は見えない。当の女性さえいなければ男性は「トラブル」から解放されるかのようだ。

女性誌では、二〇〇〇年代に入って、痴漢冤罪被害に遭った夫を支える妻の物語が大量に掲載された。痴漢被害と冤罪を並列させるのなら、これほどのボリュームの記事が、たとえば一九九〇年代の「痴漢ブーム」時の男性誌に、妻や娘が痴漢被害に遭ったという夫や父の苦悩が書かれたかと考えてみれば良い。

供述心理学が専門の浜田寿美男は、「痴漢事件の供述をどのように読むべきか――心理学から見たいくつかの論点」で、「痴漢被害に遭ったことのある女性ならば、周囲の人の動きやその触覚に敏感で、『またいつ被害に遭うか』とつねに不安を抱いているという人もいるかもしれない。しかし、痴漢などやったことのない男性の場合は、満員電車に乗っても、すぐそばで痴漢事件が起こっているかもしれないなどと、その可能性をつねに思っている人はほとんどいない」[35]と述べる。男性には、痴漢が起こっていると思える人がほとんどいないというのに、冤罪は起こる、自分にも降りかかると思えるのはなぜなのだろう。これほどまでに、大量の冤罪被害言説が生み出されるのはなぜなのだろう。

## 痴漢でっち上げ詐欺の被害者は男性だけか

『犯罪白書　平成一八年版』によれば、二〇〇五年の電車内等での痴漢示談金名目の詐欺事件は、一五一二件あったという。[36] その被害額も高額で、新聞では九〇〇〇万円を騙し取られたケースも報道されている。[37] 被害者の多くは女性で、高齢者に多く、加害者のほとんどは男性である。[38]
いわゆるオレオレ詐欺（恐喝）のことである。

雑誌の記事では、痴漢でっち上げの示談金詐欺といえば、電車の中で女性からやってないのに痴漢だと言われ、警察に言われたくなければ金を出すように仕向けられるものが典型例として取り上げられる。[39] 触らせておいて示談金を巻き上げたと主張されるケースまでも示談金詐欺として扱われる。[40]

痴漢でっち上げ示談金詐欺の被害件数は定かではないが、男性誌には、「痴漢美人局」「痴漢でっちあげ詐欺」「美人局恐喝」等というタイトルで頻繁に取り上げられている。一方で、多くの女性が痴漢示談金を騙った詐欺の被害に遭っているという事実がある。しかし、女性の被害は痴漢でっち上げ詐欺として雑誌で扱われることはない。痴漢だと名指しされる示談金詐欺や恐喝は、電車で通勤する男性にとっては日常的に起こり得る問題として想像可能で、日常的な恐怖、不安だが、オレオレ詐欺の被害に遭った女性には問題があった、もっと慎重になるべきだったとでもいうのだろうか。

オレオレ詐欺のうち、示談金詐欺の典型的なものは、警察官や弁護士を騙った電話があり、息子や夫が電車の中で痴漢をしたので示談金が必要だと告げられ、後に本人になりすました者が泣きじゃくりながら金の振り込みを要求するというものである。騙される方に問題があるのだろうか。たとえば、警察は示談に関わらないから、警察を名乗る電話で示談金を告げられてもそれは詐欺である、という警告がなされることがある。

県警は「警察が示談の仲介をすることはない。すぐに現金を振り込まず、警察や本人に確認をすることが大切」と話している。（『読売新聞』二〇〇五・一〇・四）[41]

だが、現実に痴漢事件で、警察官に立ち会ってもらって示談をすればいいと弁護士がアドバイスするケースもあったようだ。[42] 実際には、警察は民事不介入ということで示談に立ち会うことを了承しなかったが、弁護士ですら、警察官の立会いで痴漢の示談ができると依頼者に告げるほどなのだから、法律に詳しくない人達、とりわけ高齢女性が、警察からの連絡だと思い込み、示談金を用意しなければいけないと、信じてしまうのも無理はないと思われる。

痴漢でっち上げ詐欺と聞いて、女性による男性の被害を思い描く男性誌には、息子や夫の痴漢事件をでっち上げて女性から高額な金を振り込ませる男性たちという現実は描かれない。女性の置かれた状況は、ここでも、関心の外なのだ。

## 男性はみな痴漢の動機を持っている？

性犯罪の捜査において、犯行動機の解明は、重要な捜査事項の一つであると考えられている。[43]
そこでは、犯行動機はすでに「性欲」によるものだとあらかじめ決められており、痴漢冤罪に巻き込まれてしまった男性に対する弁護士によるアドバイスも、その前提で行われる。たとえば、すでに性的なパートナーがいるから、「性欲」は満たされていると主張するのである。

万一、間違って逮捕された場合、取り調べの刑事や検事に釈明を聞いてもらうには、まず夫婦仲のよさを強調することが大切です。

また奥さんに面会に来てもらい、「すてきな奥さんがいるのに、電車内の女性に手を出すはずがない」と刑事や検事に思わせるのも有効です。

独身者は交際相手に面会に来てもらいましょう。ある独身男性が、刑事の質問に、「つきあっている女性はいるが、この一か月間会っていない」と答えたところ、「一か月間会っていないので、欲求不満でした」といった調書になり、これが有罪の証拠となった例もあるほどです。

警察や検察は、女性の証言を補強する証拠を欲しがっているのも事実。まず「動機」がないことを主張するのが大切です。（『読売新聞』二〇〇〇・五・二七）[44]

性的関係にあるパートナーの存在によって、痴漢動機の不在を主張できるとする考え方の根底には、痴漢は性的欲望によって起こるという認識がある。本能としての性的欲望を男性は持っているとされ、それによって痴漢をはじめとする性暴力行為が行われると考えられているのだ。男性であれば誰でも動機を有しているとみなされているといってもいい。

作家の大江舜は、「やめてくれ、痴漢ヒステリー　ほんの出来心で一生を棒に振った人は数知れず。えん罪事件も頻発していて、いま痴漢は男たちを破滅させる罠となった」と題したエッセイの中で、佐藤誠一弁護士の「男性はみんな容疑者ですよ。犯罪には動機がつきものですが、ところが痴漢の場合は、男性であることがすでに動機なのです[45]」という発言を紹介している。痴漢は男性の本能である性欲によって起こり、したがって男性はみな痴漢の動機を有しているという、誤った認識（強姦神話）によって、痴漢冤罪が起こっている可能性があることを示唆している。大江はそれを聞き、「つらいなあ」とつぶやくが、「痴漢は犯罪であるが生殖に関連した本能的なもの」と述べ、司法の判断基準である「男性であることがすでに動機」だということを、自ら認めてもいる。「男はみんな痴漢の容疑者である」という、痴漢冤罪被害を作り出す認識を、男性自身が再生産して強化しているのである。

## 陥れる女——男の中の物語

ただし、女性が痴漢事件をでっち上げた虚偽告訴事件は実際に存在する。夫が自分に構ってくれないからと気を引くために事件をでっち上げたとして虚偽告訴罪で懲役一年の実刑判決を受けたケース、車内で携帯電話の使用を注意されて腹いせに痴漢だと言ったケース[46]、男子大学生と共謀した事件[47]である。週刊誌では、示談金目当ての痴漢でっち上げについての記事が、頻繁に掲載されている[48]。また、典拠は示されていないが、痴漢冤罪問題に取り組む弁護士の荒木伸怡が「自称被害者や自称目撃者が、その場で金をゆすったり、示談金をせしめようとしたり、何らかのストレスを解消しようとしたりして、痴漢被害を受けたと主張する事案が少なくない」[49]と書いており、報道されてはいなくとも、相談の段階では少なくないケースが聞知されているのかもしれない。

　痴漢事件の無罪判決の多くは、別人を犯人だと誤認したというものである。しかし、それを受けた『週刊実話』の記事は「デッチあげで痴漢の『加害者』にされた男性が、裁判で勝利を勝ち取るニュースが珍しくなくなってきた」[50]と書き、違う人を犯人であると誤認したケースや鞄等があたったことを痴漢だと思い込んだケースも、男性から見れば「でっち上げ」であることを伝えている[51]。

　さらに、男性の語る「女性による痴漢事件のでっち上げ」は、必ずしも実際の事件を指すわけではない。男性の想像によって作られたでっち上げ事件が、語られることもある。

> 女性がチクれば、ベルトコンベア式に、男性は罰金を払うか島送り。であれば、若き恋人たちがグルになって、男性から金を巻き上げることはいとも簡単だ。満員電車の中で、男性に身体をこすりつけ、痴漢だとやればいい。（『別冊宝島ｒｅａｌ』二〇〇三・二）[52]

　示談金目当てでなくても、何らかの目的で特定の男性の社会的地位を抹殺するために、痴漢事件をでっち上げて警察官にうその申告をする女性がいてもおかしくないでしょう。なにしろ女性が指差して「この人、痴漢です」と言えば、自動的に有罪に向けてすべての刑事手続が動き出してしまうというシステムが現にあるのですから。

(『痴漢冤罪の恐怖「疑わしきは有罪」なのか?』二〇〇八[53])

こうした発想は、以前から、痴漢でっち上げの実行行為に及ぶはずの女性によってではなく、男性によってなされている。今から五〇年以上も前に、筒井康隆は痴漢冤罪を扱った小説「懲戒の部屋」を発表している。一九八七年に設けられた俳優の小沢昭一らによる座談会でも、「意図的にやられてハメられたらこわいですね。無罪を証明しようがないですね」と今で言う痴漢冤罪事件を想像して話が進んでいた。[54]

昭和の末期に人気のあった高校生向けの夕方のバラエティ番組「夕やけニャンニャン」では、オーディションによって選ばれた女子高生からなるおニャン子クラブが「おっとCHIKAN!」という曲を歌った。通学電車の中で、真面目そうな男子学生を「いじめちゃおう!」と考え、「この人はCHIKAN!」と叫んでストレス解消する女子高生の話である。この曲は、番組のテーマソングともなり、一九八六年四月二一日に発売されると、オリコンシングルランキング初登場一位となった。[55]作詞は秋元康。男性が女子高生に、女子高生が男子高生を痴漢呼ばわりする歌を歌わせたのだった。

作家の佐野洋は、知人から、痴漢に間違われた話を聞いたことがあるという。女性は実際に被害に遭っていたのだが、犯人と同じ会社のバッジをその知人男性がつけていたことから犯人と間違われたということだった。佐野は、「その話をあとで考え、私は恐しくなった。満員電車に乗っていて、自分の手をいきなり、近くの女性がつかみ、『何するんです？　皆さん、この人は痴漢です』と叫んだら、男は、どうやって対抗すればいいのか」[56]という。佐野は、この話に着想を得て、女子高生が電車の中で男性を痴漢に仕立て上げる短編を書く。それが、一九七九年に発表された「恐ろしい少女」[57]である。女子高生のグループに痴漢呼ばわりされた青年が、後にそのうちの一人と同僚になり、自分は痴漢ではないと告げる。そこで、彼の友人の自殺の原因が、彼女らに痴漢だとでっち上げられて動揺し、大学受験に失敗したことによるものだということが明らかになる。かねてより青年の母親が、自殺した友人の母親に強烈なライバル心を抱いており、相手の息子の大学受験を邪魔するために、女子高生に痴漢事件をでっち上げるように頼んだというのであった。この短編小説が掲載された雑誌の目次の紹介文には、「成熟した女子高生たちのふとしたイタズラが一人の男の運命を狂わせた」とあり、女子高生たちを性的なまなざしで見るように仕向けている。短編小説の元になった事件では、被害者は確かに酷い痴漢被害に遭っていたのだが、佐野の書いた小説には、痴漢被害者は登場しない。それによって、この短編では、制服姿の女子高生を性的なものとして扱うことが許されるばかりか、女性を憎み続けることが許されている。

世界初の「痴漢専門誌」を謳った『フィンガープレス』の一九九六年七号[58]には、「誘う女」という読み切りマンガが掲載されていた。主人公の男性会社員は、通勤電車の中で気になったOLに痴漢をする。その女性は嫌がるそぶりをみせないことから、行為をエスカレートさせる。

彼女に痴漢をすることが「日課」になった頃、痴漢行為の最中にその男性会社員は警察に捕まるが、最後のコマの女性の表情から、女性が仕組んだものだとわかる。男が痴漢をするところからこの話は始まっているのだが、タイトルは「誘う女」と、男の最初の痴漢という犯罪行為は存在しなかったかのように、逮捕された責任が女性に転嫁されている。痴漢に陥れる女の物語が「痴漢専門誌」に掲載されたことは、こうした物語が男性にとって甘美な物語、性的な娯楽として存在しうることを示している。女性に性的なまなざしを注ぎながら、女性を憎むことが同時に満たされる物語は、男性にとって「快」なのであろう。陥れる女のモチーフが、男性によって頻繁に描かれ、しかも、性的な娯楽として用いられるのはそういうわけなのだろう。女性が痴漢事件をでっち上げるという物語は、男性によって作られている。でっち上げる女というストーリーは、男性の中にあるのだ。

犯罪手口としての美人局は、男性が男性から金をまきあげるために女性が使われる、男女が共謀した恐喝事犯の一態様である。ここで女性は、性的な道具として扱われており、男性によって性的に搾取される「被害者」でもある。女性が痴漢だと叫べば事件をでっち上げられると して、顔見知りの女性を被害者役にしたてあげることを考える男性たちは、知人女性を性被害に遭わせるという状況に抵抗を感じないのだろうか。こうした物語を考える人達は、女は頼まれれば被害者役を簡単に買って出るものだと思っているのだろうか。かつて、雑誌の痴漢を扱う企画で、痴漢被害をレポートするため体験乗車を命じられた女性記者たちの戸惑いが誌面に記されていたことは、性被害に遭うことの強い抵抗を示しているといえる。これくらいの役を買って出る女は存在するはずだという思い込みは、「痴漢ごときで」というような、痴漢被害を軽視していることの表れだろう。

二〇〇四年一二月二五日付の『朝日新聞』によると、ある人物を逆恨みしていた容疑者が、その人物を失脚させることで恨みを晴らすべく、痴漢の犯人に仕立て上げることを計画していたのだという。実際には、被害者役の女性が見つからなかったことからその計画は失敗に終わっている。[59]このように、現実は想像とは違う。女性の「性」を、男を貶める道具として扱う発想ができるのは、女性の尊厳を低く見積もっているからである。

## 騒ぐ女――冤罪は女の責任か？

一九九九年、電車の中で痴漢被害に遭った女性が、痴漢だと声をあげたところ、電車がしばらく止まるという事態になった。後に、痴漢だと言われた人は犯人ではなく人違いであることがわかった。その状況を伝えた『週刊新潮』の記事では、「八万人もの人を足止めしたのだから、よほど魅力的な尻だったのだろうが、それにしても人騒がせな女である」[60]と、まるで被害女性が悪かったかのようであった。もちろん、悪いのは、痴漢加害者なのだが、加害者が「見えない」以上、電車を止め、場を乱したことの責任が被害女性に降りかかる。しかも、「よほど魅力的な尻だったのだろうが」と、被害者の身体が痴漢を誘ったかのように書かれる。被害者には、痴漢をさせたことと電車を止めたことの二つの責任がある、迷惑な女であるという位置づけである。

痴漢冤罪被害者の取材を続ける池上正樹による『週刊プレイボーイ』「恐怖のエンザイ事件続出！　女性が〝チカン〟と叫べば、もうそれだけで犯人[61]」は、ビジュアル的にも強く印象に残る記事である。記事の冒頭には、四人の女性が、無実の男性を「女のテキめ‼」「こいつがチカンよ‼」と言いながら蹴飛ばして、いわばボコボコにしているイラストが掲載され、悪いのは女性だということをことさらに印象づけている。女性が痴漢だと叫びさえすれば、男性であれば誰もが痴漢犯人にされるかのようである。捜査機関や裁判の問題以上に、女性に問題があり、女性が叫ぶことが最も問題であるかのような印象を与える。『週刊朝日』の「女性の証言ひとつで仕事も家庭もフイに　痴漢『冤罪』から身を守る[62]」も、同様に、女性の手にすべての権限が握られているかのごとくである。「『この人痴漢です』といわれたその一瞬にして人生が狂うのである[63]」と書くのは、元裁判官で弁護士の井上薫である。

こうした、痴漢冤罪被害者の人生が変わったのは女性が痴漢だと叫んだせいだという、被害女性に責任を負わせる言説を、当然ながら検察官は批判する。

報道の中には、「痴漢は、被害者が一言、あなたが痴漢犯人であるといえば、それだけで犯人に仕立て上げられてしまう恐ろしい犯罪である」などと報じているものもあり、その無責任な報道内容には、怒りの気持ちすらおきる。

このような報道は、被害を申告しようとする被害者の女性の勇気を失わせる反面、痴漢をしているのにそれを否認する悪質な犯人に、「否認をしていれば、罪を逃れられるのではないか」との勇気を与えるだけではないかと思ってしまうのである。（『法学セミナー』二〇〇三）[64]

しかし、もともと女性が痴漢だといえば無実の人も犯人にされるという認識の元凶は、捜査訴追機関が機能していないことにあったのではなかったか。

満員電車に乗っていれば、痴漢被害を目撃したり、犯人確保の協力を求められる可能性もある。ところが、弁護士の荒木伸怡は、雑誌『ＳＰＡ！』の取材に応じて、痴漢を目撃しても被害者を助けてはいけないと読者に忠告する。冤罪に巻き込まれる可能性があるから、無防備に女性に近づかないように言い、「濡れ衣を着せられたときに容疑を否認すれば確実に失職する現実がある以上、わが身を守ることのほうが大切。女性に痴漢と断言されたら弁解の余地はない」[65]と述べる。被害者を助けることが、冤罪に巻き込まれることと同列に語られており、これでは、被害者がいくら声をあげても、誰も助けてくれないという状況になりかねない。

## 痴漢冤罪における司法の責任

一九九〇年代後半から、痴漢冤罪被害が続出した背景には、被害者保護の潮流の中、性暴力事件の取締りが求められ、被害者の主張そのままに杜撰な捜査がされていることがあげられると言われる。[66]一九九〇年代の「痴漢ブーム」の頃、男性誌には、痴漢しやすい場所の情報が掲載され、常習者の手口や痴漢だと通報された場合の対策など、痴漢のススメとしか言いようがない記事が掲載されていた。その時代は、痴漢冤罪事件が頻発し始めた時期と重なっている。こうした事情は考慮されないまま、被害者である女性の主張を冤罪の要因として取り上げることで、男性メディアやそれを利用する男性たちにある問題は隠蔽されてしまう。

先述したように被害女性の一言が、犯人に間違われた男性のみならず、その家族をも苦しめるという言い方で、女性に、痴漢だと叫ぶことに慎重であるべきとする主張があった。痴漢だと叫ぶ女性が、「痴漢冤罪事件」の加害者であるかのように批判の対象になっているのである。しかし、たとえ被害者の供述内容に問題があったとしても、「調書や捜査の正確性に責任があるのは捜査機関であって被害者の責任ではない[67]」のだから、声をあげた被害者に冤罪や、ましてやそれに巻き込まれた男性や家族の責任を負わせるのはお門違いというものである。痴漢冤罪事件の原因として、女性が叫んだことに焦点をあてることは、司法の問題を固定化して当然視することである。被害女性を批判することで、警察や検察の捜査訴追の杜撰さが「正当化」されているのだ。

現実に、司法システムが強固な価値観によって固定化されており、その変容が困難で、眼前の痴漢冤罪被害者の苦悩を救済する術がないとしても、それを前提にして、痴漢冤罪被害者を苦しめる悪役を他に設定し、被害者をその役割に充てるのは、被害者に対するセカンドレイプであるだけでなく、司法の問題を放置し、システムをより強固にすることである。痴漢冤罪問題は、刑事司法の問題を象徴的に表しており、だからこそ法律家たちはこぞってこの問題に取り組んだのであった。それにもかかわらず、冤罪被害当事者の苦悩の原因を痴漢被害者に帰着させるのならば、痴漢冤罪問題は刑事司法の問題を象徴する案件だから扱ったのではなく、司法の問題を扱うという名目で、性暴力被害者の抑圧行為に加担していたということになる。

痴漢冤罪問題では、被害女性が声をあげることの困難さが前提にされて、女性の供述が勇気ある告発として位置づけられることで信用性を獲得し、相対的に、被疑者被告人の供述の信頼性が低められると指摘されてきた。その状況を改善する方策の一つは、被害者が声をあげやすい環境を作ることである。しかし、男性が痴漢冤罪に巻き込まれないための対策が、被害者を非難し、声を封じ込めるように作用する、いわばセカンドレイプになり得るようなものであったなら、ますます、声をあげられないという女性被害者像が強化され、そのような状況において声をあげた女性には「勇気を出して告発した」という評価が強まり、さらに被害者供述の信用性を高めることになる。

## 痴漢冤罪の定義とは

「痴漢冤罪」事件として語られるものの中には、裁判で無罪になったような、犯罪行為そのものがなかったり犯人と間違ったりした事件とは異なる性質のケースもある。男性誌で、女性によるでっち上げ事件として批判される中には、次のようなものがある。

電車内で、まるで自分の体を触ってほしいかのように、わざと胸を押しつけてくる女性がいるんです。男性の手をつかんで、自分の胸元に置いたり……。そうなったときは、どうしても男は弱い。〝これって、触ってもいいのかな〟と思って、どんどんエスカレートしてしまう。そして、男の手がパンティの中まで入った時点で〝この人、痴漢です〟と騒ぎ出すんです。（『週刊大衆』二〇〇〇・七・三一　ジャーナリスト池上正樹のコメント）[68]

ミニスカート姿の女性が、自分から体を寄せてきたというんです。そればかりか徐々にカラダを密着させてきたと思ったら、男性の手を取り、自らパンティの中にまで導いたというんです。

最初は困惑していた被害男性も、そこまでされたら〝いいのかな⁉〟と、つい考えてしまい、膣内に手を入れてしまったといいます。（『週刊大衆』二〇〇二・一〇・七　弁護士によるコメント）[69]

私が知っている例でも、こんなひどい女がいた。

満員電車に乗っていた男性Aは、ＯＬ風の女がやたらと下半身をすり寄せてくるものだから、つい出来心で、その女の尻に手を伸ばした。すると、彼女は、「さあ、触って」と言わんばかりに、股を広げた。〝両者合意〟と錯覚したAは、女性のスカートの中をまさぐり、さらにパンツの中にまで指を伸ばした。――と、その瞬間、Aは女に手をつかまれて駅員に突き出されたのだ。（『アサヒ芸能』二〇〇一・一一・一五）[70]

ここで、事例を紹介しているのは、弁護士やジャーナリストらだが、彼らは痴漢行為をした男性の視点に立っている。「『さあ、触って』といわんばかりに」と言っているのは書き手であって、当事者の女性が言ったわけではない。記事は、女性が触らせた、女性が誘った、女性は嫌がらなかったという前提で書かれており、触った方の罪は問わずに、触らせた（＝抵抗しなかった）ことを問題にする。ここに、痴漢行為者と同様の、都合の良い解釈が見られる。果たしてこれらも冤罪なのだろうか。

他にも、同様の記事が多数掲載されており[71]、誌面には、女性の裸体や、女性の股間に指を押し当てた写真のコラージュが配され、男性が被害に遭う事件を紹介したものというよりも、女性を性的に扱う内容であることが視覚的にもわかるようになっている。これらの事件では、いずれも、痴漢行為は行われており、しかもそれらは、痴漢といって一般にイメージされる服の上から触る行為ではなく、下着の中に手を入れるという悪質な強制わいせつ行為なのである。

一般に、痴漢冤罪事件のイメージは、触っていないのに犯人にされてしまったというものである。しかし、男性誌で痴漢冤罪として扱われる多くのケースは、「触らせておきながら痴漢扱いされた」というものである。相手の女性に痴漢行為をしておきながら、冤罪だと主張するケースの多いことを、どう考えればいいのだろう。

他には、事件に巻き込まれてすらいないのに、冤罪として扱われるものもある。

痴漢という不逞の輩と同性だからというだけで、女性たちから理不尽にも警戒され、「女性専用車両」という逃げ場まで作られたのである。

彼らの大半はいわば冤罪の人々だ。(『現代』二〇〇五.九)[72]

女性専用車両の存在は、男性を痴漢とみなして男性を排除するものだとして、排除された痴漢ではない男性にとっては冤罪であるというのだ。どうやら、痴漢冤罪とは、無実の人が犯人にされる事件のみをいうのではないらしい。

司法で問題になる冤罪と、日常的に広く用いられる冤罪という語が、全く同じ厳密さで用いられる必要はない。しかし、その定義や用法の幅の広さや、時には、そうした用法が、国家権力による人権侵害という冤罪の問題を薄めてしまう危険性もある。

## 触らせる女――男はいつも性的主体

電車の中で、男性が隣にいる見知らぬ女性の手を取って、自身の下半身を触らせたとしたら、それは紛れもなく痴漢行為である。同様に、成人女性が男子小学生の手を取り、自分の胸に触らせたとしたら、それは小学生にとっては性被害であり、性暴力である。それが相手が成人男性になると、「触らせた」ことになるのは、年齢の問題なのだろうか。だが、成人男性も、その身体領域を侵害されてはいけないはずだ。自分の身体領域に一方的に侵入されることは、女性だけでなく男性にとっても、「被害」である。

男性は、見知らぬ人から触るように仕向けられて、嫌ではないのだろうか。触らせてくれたと、善意で解釈することができるのはなぜなのか。自分は常に触る主体でいることに、疑問を持たずにいられるのはなぜなのか。男性が常に性的主体、触る主体として疑われないのはなぜなのだろう。男性誌に見られる「触らせておきながら痴漢扱いされた」という事例は、男性は常に「触る側」にいるという男性の立場をよく表している。

　また、たとえ女性が誘ったのだとしても、公共空間の電車内でそのような行為に及べば、公然わいせつ罪や条例違反に問われる可能性もある。そして、抵抗しなかったということは、もちろん、同意を意味しない。彼らが言う「触らせる女」の中には、抵抗はおろか身動きできずにされるがままになっている女性も含まれている可能性もあるのだ。

## 憧れから不名誉となった痴漢

痴漢冤罪問題では、無実であるにもかかわらず犯罪者として扱われるということの理不尽さに加え、痴漢呼ばわりされることへの強い忌避感が語られる。男性にとって、痴漢呼ばわりされることは大変に不名誉なことなのだという。尊厳を傷つけられる、恥辱的なことなのだという。

　空きカンのポイ捨てと同じような量刑だが、身に覚えのない男性にしてみれば、男として

の尊厳を問われる重大事件だ。（『読売ウイークリー』二〇〇四・四・三〇[73]）

男にしてみれば、痴漢を疑われること自体が恥辱的です。（『サンデー毎日』二〇〇九・七・五[74]）

「強制猥褻」という罪名は、私にとって何より屈辱的なものでした。強制猥褻罪は人間性を疑う犯罪であり、そのレッテルを貼られることは人間性を否定されたにも等しい。（『文藝春秋』二〇〇九・六[75]）

性犯罪者というレッテルを貼られる屈辱と怖さに、私は死んだほうがましだと何度も思った。（『お父さんはやってない』二〇〇六[76]）

もし、オレが電車に乗ってるときに突然、痴漢の濡れ衣を着せられたなら、たぶん相手の女に顔面パンチだな。それで痴漢という罪ではなく、傷害罪で捕まるほうを選ぶよ。決して褒められた行動ではないけれど、こんな実力行使でしか、己の名誉が守られないのが現状でしょう⁉」（『週刊大衆』二〇〇二・四・二九[77]）

第二部で見たように、かつては、痴漢は男性たちの憧れであった。一九八〇年代には、渡辺和博、南伸坊といった気鋭のクリエイターが、痴漢のススメを書いていた。[78]多くの雑誌に痴漢体験談が載り、痴漢常習者の手口が紹介されるほどだった。タレントたちも、さも当然のように、痴漢経験を語っていた。痴漢を取り締まる警察の、あろうことか警視総監が、一九六四年の『週刊現代』の対談で「男の数が日本全人口の半分として、五千万総痴漢」という物言いに、笑いながら同意していたくらいなのである。[79] 痴漢冤罪被害が社会問題になる以前は、痴漢に間違われることもまた、性的な話題に回収されていた。それが冤罪が前面に押し出されると、男性の性犯罪者と呼ばれることへの屈辱感が語られ始める。

## 痴漢冤罪が語られる場

痴漢冤罪被害の語りの中にも、女性蔑視の視点が見え隠れすることがある。たとえば、痴漢に間違われた男性が、被害者の女性に言い返す言葉に、それが表れる。ある男性は、「このままではカッコ悪いし、頭に来たんで大声で言い返してやりましたよ。〝ふざけんな、お前みたいなヤツの体を誰が触るんだ〟ってね」と、自慢げに語る。記事の書き手は、「痴漢と間違われたが、結果的にスッとした経験をした」のだと、その男性の発言を評価するのだ。[80] 痴漢に間違われた男性が「結果的にスッとした経験をした」というのは、女性に対する罵倒を指している。痴漢に間違われたことは、男性には屈辱的な体験だったのだろうが、女性が、人違いとはいえ痴漢被害には遭っていたとしたら、この男性の「誰が触るんだ」という罵倒は、被害を告白した当事者の語りを否定する、被害者に対する二次被害に他ならない。一方的に女性の外見に優劣をつけてそれを性被害と結びつけてもいる。この男性とおそらくは書き手もが「スッとした」のは、ここぞとばかりに女性を侮辱し、罵倒することができたからだ。日常生活では言えないことが、痴漢冤罪にかこつけて言えたのだ。

フリーアナウンサーの梶原しげるは、痴漢に間違われた経験があるという。その時を振り返って、「もう一度あの時の女の子に会えたら言ってあげたい。『本当に私はやっていない。だって君みたいに痩せて骨みたいな女は大嫌いなんだ！』と。ホント、言えたらどんなにスッキリするでしょう」[18]と書く。ここでも、「スッキリする」のは、自分は痴漢をしていないと告げることではなく、一方的に相手の外見の欠点をあげつらって嫌悪の感情をぶつけることによってである。相手が、実際に痴漢被害に遭っていたのかもしれない被害者であっても、だ。それが、痴漢に間違われた者の願望として記されるのだ。

痴漢に間違われた当事者に、「この人痴漢」と言った女性に対する、憎しみなどの強い感情があるのは当然である。しかし、それを差し引いても、被害者に対する配慮の欠如や、外見をあげつらうこと、そしてそれを公言してはばからないところに、女性や性被害に対する差別や偏見が垣間見える。痴漢冤罪言説がミソジニーを許容する場として機能しているのである。

次の記事は二〇〇九年の『週刊ポスト』に掲載された、満員の一般車両で女性客と隣り合わせになった時の心境のレポートである。

車内放送がある。「いちばん前の車両は女性専用車両としてご利用いただいております。

お客さまのご理解とご協力をお願いします」

こいつは、なぜそっちへ行かないのか。左手の窓から朝日が差し込む。暑い。じっと目をつぶる。

電車の揺れで、女のからだの凹凸が、腿、腰、脇腹をつついてくる。〈赤羽〉で混雑がくずれた。だがまた、どさっと乗ってきた。

さっきの凹凸がまたしても貼りついてきた。横顔がかいま見えた。ブサイクである。

こんなブチャムクレに「痴漢」といわれたのでは、たまったもんじゃねえぞ。

オー　シット。くそったれめが。

腹立ち口が湧きあがってくる。

「痴漢は犯罪です」。そうか。じゃあなネエちゃんよ、「たしかめずに痴漢を叫ぶのも犯罪」だぞ。

おめえみたいなブー、頼まれても触るか。ほれ、つり革に摑まり、バンザイしてるだろ。それよか、その長い髪の毛なんとかしろよ。エアコンの風で俺の顔にかかって気持わりいんだよ。

行けよ、専用車両へ。

こっちは〈チカンシャトーマス〉だぞ。〈クニヒダ慕情〉だぞ。〈宇多田ヌケル〉だぞ。わけわかんないぞ。〈パイパニック〉だ。

おお、そこのアタマの悪そうな女高生ら。世の中、なめてんのか。

集団でギャースカうるせえぞ。なんだその、こっちを見るウザイ光線は。「バッカじゃねえの、キタねえオヤジ」とか思ってんだろ。「死ねばいい」とか思ってんだろ。〈十条〉↓〈板橋〉口の中が粟立つ。〈池袋〉。ブサイクやっと降車。（中略）「女性専用車両」の無敵女に、枚挙のいとまはない。ケータイで馬鹿声女。ファンデーションぱたぱたから、マスカラまで塗る無恥女。牛乳飲んでパン食っては当たり前、肉マン、ピザマン、缶チューハイ女。ブーツを脱ぐ悪臭女。よだれ垂らしの爆睡女。過激なレディコミ大っぴら読みのエロ女。逆ギレ女。

そして本日も、隣の車両は、サラリーマン男子がぎゅう詰めであります。[82]

隣に乗っている女性客は何もしていない。誌面には書き手の勝手な想像が繰り広げられているだけである。痴漢冤罪を語る場は、こうした女性蔑視に満ちた言説に正当性を与えてしまうのだ。

## 痴漢と痴漢冤罪のあいだ

痴漢に間違われることが男性にとって屈辱的なことならば、痴漢と痴漢冤罪との距離は相当に遠いと思われる。ところが、タイトルや導入部からの印象では、痴漢「冤罪」について書かれていると思われた記事が、読み進めるうち、冤罪についてではなく、痴漢をする人への警告であり、痴漢加害についてであったことがわかることがある。たとえば、痴漢冤罪問題が社会問題になり始めた頃に書かれた『週刊大衆』の「電車内『痴漢誤認』から身を守る一〇カ条」がそれである。

> 「オレは絶対にやってない」
> こう犯行を否認し、冤罪を叫び続けた男が起訴され、執行猶予もつかない実刑判決を受けたケースもある。
> ついつい出来心で……なんて痴漢を微罪だと早合点しないほうが身のためだ。そのちょっとした出来心が、重大な結果を招くこともあり得るからである。[83]

冤罪の話をしているのかと思いきや、「出来心」に話が飛ぶ。冤罪を語るふりをして、痴漢加害の話をしているのである。「痴漢誤認」から身を守るための一〇カ条の中にも、「もし、Hな気分になりそうだったら、女房や子供のことを思い浮かべたり、会社をクビになったときのことを考えること」と、単に痴漢をしたい気持ちになった時の対策が書かれており、痴漢誤認とは関係がない。最後は、「この強烈な猛暑の中、若い女性はますます薄着になり、誘惑に負けてしまう男性が出てくるのかもしれない。しかし、こんなせちがらい世の中、痴漢で逮捕され、その後の人生を暗転させては元も子もない」と警告する。痴漢の誤認逮捕どころか、痴漢をして逮捕されるという話なのだ。

痴漢冤罪を扱っている風をよそおいながら、痴漢常習者に「オススメスポットは？」と痴漢しやすい場所を聞いたり、痴漢ＡＶを画像入りで紹介するのは、二〇〇二年の『週刊実話』である。[84]痴漢をする気のない人にとって、とりわけ痴漢冤罪を恐れる人にとって「オススメスポット」の記事は無意味である。一体、誰に何を伝えるための記事なのだろうか。痴漢を語るために、冤罪が持ち出され、痴漢を扱うために、冤罪を導入にする。冤罪が、痴漢を語る隠れ蓑になっている。

## 映画『それでもボクはやってない』を考える

二〇〇七年一月、三年間の準備期間を経た、周防正行監督の映画『それでもボクはやってない』が公開された。痴漢冤罪問題を扱った社会派映画として好評を博し、第三一回日本アカデミー賞優秀作品賞等数々の賞を受賞した。娯楽作品としての評価はもちろんのこと、日本の刑事裁判の問題を丁寧に描いた作品だとして、公開から一二年がたった現在でも、大学の法学部で好教材として視聴を推薦されているところもあるほどだ。

この映画が撮られたきっかけは、周防が、痴漢の罪に問われた男性が裁判で逆転無罪判決を勝ち取った記事に興味を引かれたことだという。その事件や裁判の経緯は当事者によって『お父さんはやってない』[85]にまとめられている。

周防は、この映画を「日本の刑事裁判システムについての映画」と位置づける。痴漢冤罪問題には刑事司法の問題が凝縮されていると言われ、その上、電車通勤をする男性には、いつでも自分の身に起こる可能性のある痴漢冤罪問題は、司法の問題を自らの問題として考えるには恰好のテーマであった。ただ、性犯罪を扱うこと、被疑者・被告人の扱われ方を問うことから、被害者の抑圧に繋がるのではないかと危惧し、女性に誤解されないようにと気をつけたと述べている。実際に、性暴力の被害関係者から、映画の内容を危惧する手紙が届いたという[86]。

この映画は、監督である周防の思うとおりに受容されただろうか。映画の公開によって、痴漢冤罪問題に対する関心が再度高まった一方で、「痴漢冤罪」の問題を扱った映画だと、狭く解釈された。痴漢冤罪問題を通して、日本の刑事裁判の問題を問うた映画ではあったが、観客にリアルに伝わったのは、「痴漢冤罪」の恐ろしさや、男性が不利な状態に置かれる理不尽さであった[87]。

タレントの松本人志は、この映画を見た時の感想を「映画『それでもボクはやってない』を見た時に思ったのですが、ある人が『あいつ、ハラ立つなあ』と思って、知り合いの女に（痴漢被害者の役を）頼んだら、いくらでもそいつに痴漢容疑をかけることが可能ですから[88]」と述べている。この映画の中で、被害者は確かに被害に遭っており、松本の考えるようなでっち上げ事件ではない。それにもかかわらず、彼が映画に触発されて考えるのは、司法の問題ではなく、現在の刑事司法がはらむ問題を前提にして、痴漢をでっち上げて誰かを貶めることに使える、ということなのだった。

周防はインタビューで、痴漢冤罪が疑われているケースについて、「最小限、トラブルは当事者同士が話合って解決するのがベストだと思うんです」[89]と述べる。「痴漢冤罪」の当事者にとっては、とんだトラブルであるだろう。しかし、痴漢被害者にとっては、犯人が誰かはわからなくても、被害には違いない。その人は犯罪被害者であり、捜査機関にそれを訴え、被害事実や犯人について捜査を要求する権利を有している。それをトラブルに「格下げ」することは、犯罪被害者の権利を奪い、被害者の口を封じる暴力でもある。

痴漢冤罪をトラブルとして扱う背景には、周防が、九〇年代半ばまでは、痴漢事件は指導警告止まりであり、痴漢が犯罪として取り締まられたのは最近のことだと認識していることも原因のようである。大学の法学部での講演で、周防は、以下のように語っている。

今まで、要するに痴漢事件は一九九〇年代半ばまでは、事件として扱われていなかったのですね。要するに駅事務室に行って、女性が痴漢されたと訴えても「いやあ、証拠がなければ訴えたって起訴もできないし」と。それで捕まえてきた男がいれば、これから気をつけなさいみたいな感じで帰していたのが、一九九〇年代半ばから事件として取り上げるようになって、事件として取り上げたからには必ず起訴して裁判で結果を出す、ということがやはり至上命令になると思うので、そこから痴漢事件の裁判での歴史が積み上げられていくのですね。だから歴史は浅いのです、実は。迷惑防止条例というものができて、初めて痴漢というものが逮捕されるようになって、そこから裁判が始まっているので、まだ一五〜一六年の歴史しかない、そういうものだったのですね。[90]

周防の認識では、痴漢事件や裁判、痴漢行為を禁止する迷惑防止条例は、一九九〇年代に運用され始め、痴漢事件や裁判の歴史は浅いということのようだ。しかし、第一部第三章で述べたように、迷惑防止条例は一九六二年に東京都で制定された後に、全国でも同様の条例が制定され、まもなく痴漢事件に適用された。大阪府警察本部発行の犯罪統計書『統計からみた大阪の事件・事故（平成二年）』には、迷惑防止条例事犯として一九八一年からの痴漢検挙件数が掲載されており、「粗暴行為等（痴漢等）は、四年連続して増加している。痴漢行為のなかでも、特に電車内における犯罪がほとんどである」[91]と、かねてより電車内での痴漢事犯が迷惑防止条例違反で検挙されていることが記されている。

## 痴漢ブームは終わらない⁉

二〇〇〇年以降、それまで男性誌で圧倒的なボリュームを誇っていた痴漢を扱った記事――沿線情報、被害者の写真付きで紹介される被害体験記、常習者の手口の紹介――は、ほぼ姿を消す。その代わりに、痴漢冤罪問題についての記事が大量に放出される。痴漢冤罪事件の多くは、人違いによるものである。痴漢冤罪に巻き込まれることを恐れるのならば、痴漢事件が多い路線や痴漢被害が多い場所は避けた方がいい。それを知るために、痴漢被害の多い路線情報や被害当事者の体験記は有益なはずだ。しかし、冤罪問題が大きくなると、それまでは男性誌の恒例であった痴漢特集企画は、ＡＶやいわゆる「風俗」情報を除いては、見当たらなくなってしまう。それは、かつての記事が、「痴漢をする」ことを念頭に書かれたものだからではないだろうか。

ノンフィクションライターの深笛義也は、一九九〇年代の痴漢ブームや、それを牽引した作家の山本さむを振り返って次のように書く。

> それがなぜ、消えてしまったか。言うまでもないであろう。周防正行監督の映画『それでもボクはやってない』では、一度痴漢に間違われたら、どんなにそれを否定する証拠があったとしても、頑なに逮捕や判決の間違いを認めない国家権力の恐ろしさが描かれている。
> 痴漢の疑いをかけられないように、満員電車の中では、多くの男性が両手を上げている。しかしそれでも、股間を押し当てられたなどと言われて、アウトになる場合がある。
> 痴漢の喜びを語るなど、もうできるわけがない。[92]

痴漢ブームは、痴漢冤罪被害者の存在が可視化されたことによって終焉した。性被害者の視点からでもなければ、女性の声を聞いてでもない。痴漢ブームと同時期に厳しくなった痴漢取締りによっても、これほどまでには変わらなかった。男性が痴漢冤罪被害に遭うことによって、男性が被害男性に配慮した結果、女性への性暴力を娯楽として取り上げた記事が激減した。その代わり、大量の「痴漢冤罪被害」を扱う言説が生み出される。しかし、そこには、女性を性的対象とみなし、差別的な眼差しを注ぐものがあり、痴漢冤罪記事が、かつての痴漢記事と同様の役割を果たしているともいえるのだ。

1　『朝日新聞』1989.11.4　26面、『毎日新聞』1995.7.2　大阪　22面、『週刊宝石』1996.9.5　45頁等

2　「『大ピンチ、笑ってごまかせ！』とっさのときのジョーク教室　今月のテーマ　満員電車の中で痴漢に間違われてしまった！　大声で叫ぶ彼女の誤解をどうやって解くか？」『BIG　tomorrow』1989.4

3　「痴漢疑われた48歳会社員の『2円訴訟』」『週刊新潮』1990.3.22　26-27頁

4　「痴漢と間違えられた」『自由時間』1993.1.21　82頁

5　「日本人の権利　逮捕権」『DENiM』1994.10

6　「吉永みち子の週刊事件簿　『痴漢だ』と誤認逮捕!?　これって今後も起きるわネ！」『週刊大衆』1995.6.2、「他人事ではない！　痴漢容疑で逮捕された部長無罪判決までの1年間」『週刊ポスト』1995.5.26

7　痴漢えん罪被害者ネットワーク編『STOP！　痴漢えん罪』2002　現代人文社　4頁

8　「NEWS・芸能ワイド『主人を助けたい！』あなたなら、どうする？『夫が痴漢!?』無実を信じた妊娠6カ月妻が語る『釈放までの3週間』！」『女性自身』2003.9.23、「新・われらの時代に　38回『夫、痴漢で逮捕』えん罪と闘った妻の執念730日」『女性セブン』2003.2.20、「暮らしの法律Q&A　Q夫が痴漢で冤罪に。昔の生活に戻るには？　A相手の女性を訴えるより会社や行政に請求を」『婦人公論』2003.2.22、「満員電車の悲劇　妻はうつ病自殺未遂を。それで

も『あなたを信じている！』」『週刊女性』2006.4.4、「衝撃ドキュメント　夫が痴漢で逮捕『パパ、あなたはやってない』」『女性セブン』2006.4.6、「初の社会派映画は怒りから生まれたあなたの夫がもし、痴漢に間違えられたら」『婦人公論』2006.12.22・2007.1.7、「人間ドキュメント　事件追跡『それでもボクはやってない』」『週刊女性』2010.6.22、「『あの人、痴漢です！』そのひと言から私たち夫婦の闘いが始まった」『婦人公論』2013.4.22、「菊間千乃さんの『転ばぬ先のホーリツ』　もし、夫が通勤中に無実の罪を着せられたら…。妻にできることとは何？」『LEE』2013.5、「『痴漢えん罪』から夫を守る対策術＆保険最前線　法の専門家ですら対処法が分かれる超難題。疑われた瞬間、人生が暗転。〝推定有罪〟のベルトコンベアに乗らないための方法とは？」『女性セブン』2015.11.12

9　「緊急特集　急増する〝痴漢えん罪者〟たちの実名告白！」『週刊女性』2000.10.24　64頁

10　森貴子「おしえて！弁護士先生　通勤電車でたびたびチカンにあいます。つかまえて、こらしめてやりたいけど、どうしたらいい？」『SAY』2004.10

11　「ワイド・緑陰の涙　泣き寝入り増える⁉　最高裁痴漢無罪判決」『サンデー毎日』2009.5.3　146頁

12　「スケベは絶対許さない！『警察送りは3人。〝エルボーで胸ぐらづかみ〟がコツよ』」『女性自身』2002.10.8　207頁

13　「ベッキー　痴漢3人突き出しに『拍手と非難』ネクタイつかんで胸グラグイッ！の武勇伝に波紋」『女性セブン』2006.5.25

14　引用の他にも、「これを知らずに、生きていけない『自己危機管理術』決定版！　リスク1　痴漢冤罪『行ってはいけない』駅員室の恐怖。」『PLAYBOY』2001.6、「やっていないのに電車内で、痴漢に間違えられたら」『週刊ダイヤモンド』2005.8.27　49頁、「〝まさか〟のトラブルは法知識で回避すべし！」『SpA！』2006.8.22、「裁判『痴漢被害』で逆転無罪判決女性の『じんわり恐怖感』」『AERA』2009.4.27、「それでもキミは痴漢にされる　PART1『それでもボクはやってない』と叫ぶ前にこれを読め！『チカン冤罪』完全防衛マニュアル」『週

刊プレイボーイ』２００７.２.５、「巻頭特別インタビュー　映画監督　周防正行」『冤罪Ｆｉｌｅ』２００８.３、「『あなた、痴漢でしょう！』あらぬ疑いに、どう対処すべきか」『日経ビジネス　アソシエ』２０１０.10.19、「本村弁護士の週刊法廷『奥さん、どぎゃんしたと？』第１１７回　夫が電車で痴漢に間違われたら…。どうすれば無実を証明できるの？」『週刊女性』２０１４.９.16、等多数。

15 「『私はこうして痴漢の冤罪を晴らした』」『週刊ポスト』１９９９.12.17　２５０頁

16 池上正樹「相次ぐ痴漢裁判〝無罪判決〟の意味」『創』２０００.11　68頁

17 秋山賢三「痴漢冤罪は、なぜ生まれる？」秋山賢三・荒木伸怡・庭山英雄・生駒巌・佐藤善博・今村核編『ＧＥＮＪＩＮ刑事弁護シリーズ10　続・痴漢冤罪の弁護』２００９　現代人文社　13頁

18 電車内で発生した強制わいせつ事件については、認知件数が32件であるが、検挙件数は不明である。

19 『ＳｐＡ！』２０１１.３.15　25頁

20 『週刊現代』２０１３.１.26　61頁

21 北村晴男／周防正行「満員電車は恐ろしい　痴漢冤罪は他人事か　映画『それでもボクはやってない』が描く、刑事裁判の底知れぬ『闇』」『現代』２００７.３　１７３-１７４頁

22 Ｓａｔｏｋｉ・法律監修坂根真也『痴漢に間違われたらこうなります！』２０１４　自由国民社１９５-１９７頁

23 「『法律』の新知識50『職場の落とし穴』完全対処法　痴漢えん罪　不当に逮捕されたら、まず何をするか」『プレジデント』２００６.12.４

24 金崎浩之「現役不良弁護士の法律相談所　第２回『続・痴漢裁判』」『バースト』２００３.２、「線路などに逃げるなかれ『痴漢疑惑』に『冤罪だ』と堂々対処しよう」『Ｔｈｅｍｉｓ』２０１７.７

25 「法律の新知識Ｑ＆Ａ60　よもやのトラブル脱出の知恵16　痴漢冤罪　ついに最高裁で逆転無罪。相手への制裁は？泣き寝入り女性が急増？」『プレジデント』２００９.８.３　47（17）

26 「〝あるある〟法律トラブル防衛術　痴漢冤罪に巻き込まれた　あなたが『やれること』『やるべきこと』」『日経ビジネス　アソシエ』２０１７.６

27　「痴漢冤罪には、その場で『あなたを告訴する』と宣言せよ『名刺を渡して去る』も『走って逃げる』も古い　元最高検検事が教える　満員電車通勤族の〝護身術〟」『週刊ポスト』２０１４．10．17

28　「特別企画　いざというとき役に立つ！ビジネスマンのための法律入門」『ＴＨＥ21』２０１３．２　87頁

29　『週刊プレイボーイ』２０００．11．28　１６１頁

30　『週刊大衆』２０００．５．15　２０４頁

31　北田暁大と岸政彦は「実際に『被害に遭う女性』と、『冤罪で疑いをかけられたくない男性』の願いは」「並立しない」と述べ、それを等価に比較できるという感覚に疑問を呈している。岸政彦・北田暁大・筒井淳也・稲葉振一郎『社会学はどこから来てどこへ行くのか』２０１８　有斐閣　77頁

32　荒木伸怡「刑事訴訟運用上の問題」秋山賢三・荒木伸怡・庭山英雄・生駒巌・佐藤善博・今村核編『ＧＥＮＪＩＮ刑事弁護シリーズ10　続・痴漢冤罪の弁護』２００９　現代人文社　２０５頁

33　荒木伸怡「痴漢冤罪事件と刑事訴訟法の解釈・運用」秋山賢三・荒木伸怡・庭山英雄・生駒巌編『ＧＥＮＪＩＮ刑事弁護シリーズ２　痴漢冤罪の弁護』２００４　現代人文社　27頁

34　荒木伸怡「痴漢冤罪防止と捜査上の諸問題」『捜査研究』２００３．４　６１９　54頁

35　浜田寿美男「痴漢事件の供述をどのように読むべきか――心理学から見たいくつかの論点」秋山賢三・荒木伸怡・庭山英雄・生駒巌・佐藤善博・今村核編『ＧＥＮＪＩＮ刑事弁護シリーズ10　続・痴漢冤罪の弁護』２００９　現代人文社　１８７－１８８頁

36　『犯罪白書　平成18年版』２００６　法務省　12頁

37　『朝日新聞』２００５．４．６　埼玉　29面

38　小栗宏之「振り込め詐欺の現状と対策について」『警察学論集』２００６　59（３）

39　「女性の証言ひとつで仕事も家庭もフイに　痴漢『冤罪』から身を守る」『週刊朝日』２０００．７．14等

40　池上正樹「チカン当たり屋、チカン美人局、チカン詐欺…。エロい誘いに乗ったが最後、待つのは

地獄！　狙われたらアウト！『痴漢ビジネス』の怖い罠」『週刊プレイボーイ』２００７．２．19、「続発『痴漢冤罪』を作り上げる『美女当たり屋』に気をつけろ」『アサヒ芸能』２００８．４．３

41　『読売新聞』２００５．10．４　仙台　35面

42　八塩弘二「弁護始末記　中学生が痴漢の疑いをかけられた」『時の法令』２００２　１６７６　47頁

43　牧野雅子『刑事司法とジェンダー』２０１３　インパクト出版会

44　『読売新聞』２０００．５．27　37面　弁護士による同様のアドバイスは、「痴漢に間違われる恐怖」『ダカーポ』２０００．８．16等。

45　大江舜「やめてくれ　痴漢ヒステリー」『新潮45』２０００．６　52頁

46　秋山賢三「分析・実践編／性犯罪　痴漢事件（迷惑防止条例ほか）」『季刊刑事弁護』２００３　36　１１１頁

47　『朝日新聞』２００８．８．９　34面

48　他にも、池上正樹『痴漢「冤罪裁判」　男にバンザイ通勤させる気か！』２０００　小学館　第４章

49　荒木伸怡「刑事訴訟運用上の問題」秋山賢三・荒木伸怡・庭山英雄・生駒巌・佐藤善博・今村核編『ＧＥＮＪＩＮ刑事弁護シリーズ10　続・痴漢冤罪の弁護』２００９　現代人文社　２０４頁

50　「金を巻き上げる目的で『痴漢騒動』を起こす女性の手口」『週刊実話』２００２．11．７　１９０頁

51　もっとも、女性はたしかに被害に遭っていたがその加害者として名指しされた人物ではなかったという犯人同一性が問題になり無罪判決が下されたケースで、関係者は、その通りだとは考えていない可能性もある。女性の被害証言の被害事実は疑わないが、被告人が犯人ではないという物語の方が、裁判官に受け入れられやすいことから法廷の戦略として、裁判で無実を勝ち取りやすい物語を組み立てて提示したとも考えられるからである（小松圭介「科学的証拠とケースセオリーで勝ち取った無罪判決」『季刊刑事弁護』２０１３　76　40頁）。

52　米本和広「女性の証言だけで、あなたも犯人に　こうして作られる『痴漢冤罪』の悲劇！」『別冊

宝島ｒｅａｌ』２００３．１　２２５頁
53 井上薫『痴漢冤罪の恐怖「疑わしきは有罪」なのか？』２００８　ＮＨＫ出版　１９２頁
54 「座談会　痴漢すれすれ」『話の特集』１９８７．９　43頁
55 『オリコン』１９８６．５．12　19頁
56 佐野洋「事件の裏側に④スカート切りの男」『月刊カドカワ』１９８３．８　２４５頁
57 佐野洋「恐ろしい少女」『オール讀物』１９７９　34（1）
58 リュウイチロー　原案・わいせつ友の会「誘う女」『フィンガープレス』１９９６．12　7
59 『朝日新聞』２００４．12．25　夕刊　19面
60 「8万人が足止め『埼京線』痴漢騒動」『週刊新潮』１９９９．５．６・13　31頁
61 池上正樹「恐怖のエンザイ事件続出！　女性が〝チカン〟と叫べば、もうそれだけで犯人」『週刊プレイボーイ』２０００．４．４
62 「女性の証言ひとつで仕事も家庭もフイに　痴漢『冤罪』から身を守る」『週刊朝日』２０００．７．14
63 井上薫「司法は冤罪の温床か？『痴漢！』と叫ばれたら最後」『中央公論』２００９．８　１８５頁
64 Ｍ「ＴＨＥ　検察官　ＬＩＦＥ　痴漢事件報道に対して思うこと」『法学セミナー』２００３　５７８　68頁
65 「２００３年版　お作法選定委員会　日常生活篇　時間がない通勤ラッシュ時に痴漢を目撃。助けるべきか、見過ごすべきか？」『ＳＰＡ！』２００３．４．15　52（15）　27頁
66 庭山英雄「あとがきに代えて」秋山賢三・荒木伸怡・庭山英雄・生駒巌編『ＧＥＮＪＩＮ刑事弁護シリーズ２　痴漢冤罪の弁護』２００４　現代人文社
67 段林和江「性被害と被害者側代理人からみる問題点――痴漢被害を中心に」『季刊刑事弁護』２００３　35号　１０７頁
68 「無実の『誤認逮捕』相次ぐ！　警告　最新版『チカン冤罪』から身を守る『男の対処』10カ条」『週刊大衆』２０００．７．31　１９４頁

69　「無実なのに…痴漢被害を装う女『さわられ屋』の悪質手口」『週刊大衆』２００２．10．７　２００頁

70　黒木昭雄「黒木昭雄の新サツカン渡世」『アサヒ芸能』２００１．11．15　１９７頁

71　「女子高生グループが明かす反撃の手口『チカンオヤジからお金をまきあげちゃうの』」『サンデー毎日』２００１．６．10、「続発『痴漢冤罪』を作り上げる『美女当たり屋』に気をつけろ」『アサヒ芸能』２００８．４．３、「凶悪『痴漢美人局』の巧みな手口」『ＳＰＡ！』２００６．10．17等

72　岡本京子「ミッション『都内全ての女性専用車両を制覇せよ』本誌女性編集者『電車女』奮闘記――化粧・爆睡・開脚座りの偽らざる実態」『現代』２００５．９　１９６頁

73　「『ぬれぎぬ痴漢』はなぜ起こる？　満員電車　男たちの護身術」『読売ウイークリー』２０００．４．30　91頁

74　粟野仁雄「サンデーらいぶらりぃ　著者インタビュー　警察の捜査劣化を痛感にして　粟野仁雄『「この人、痴漢！」と言われたら　冤罪はある日突然あなたを襲う』中公新書ラクレ」『サンデー毎日』２００９．７．５　１０６頁

75　名倉正博「逆転無罪手記『痴漢逮捕』の汚名を着せられて」『文藝春秋』２００９．６　３１８頁

76　矢田部孝司・矢田部あつ子『お父さんはやってない』２００６　太田出版　２９９頁

77　「痴漢『濡れ衣』で破滅しないための10ヵ条」『週刊大衆』２００２．４．29　１７８頁

78　「快適通勤電車特集　ここまでならつかまらない　スレスレ痴漢法」『ドリブ』１９８２．７

79　「江戸町奉行『御用』を語る」『週刊現代』１９６４．７．９　88頁

80　「電車内『痴漢誤認』から身を守る10ヵ条」『週刊大衆』１９９９．８．16　31‐32頁

81　梶原しげる「梶原しげるのチャレンジ！出版局『痴漢は冤罪』…一生を棒に振らないための鉄則を伝授しましょう」『週刊実話』２００１．１．４　51頁

82　山藤章一郎と本誌取材班「ニュースを見に行く！『現場の磁力』第１３０回　下北沢『痴漢逆転無罪』最高裁判決を機に　ハイ、同感です。『女たちよ、女性専用車両に乗れ！』」『週刊ポスト』２００９．５．１　１２６‐１２７頁

83　「電車内『痴漢誤認』から身を守る10カ条」『週刊大衆』１９９９．８．16　32頁
84　「タッチ・盗撮・覗き　検証　ザ・痴漢〝疑惑の真偽〟」『週刊実話』２００２．12．３
85　矢田部孝司・矢田部あつ子『お父さんはやってない』２００６　太田出版
86　周防正行「現代法学部学術講演会　『それでもボクはやってない』と刑事裁判の実際」『現代法学』２０１２　22
87　たとえば、痴漢事件の最高裁無罪判決について、「それからの3年間がどんな日々だったかを筆者コータリが想像出来るのは、周防正行監督の『それでもボクはやってない』（'07）を見たからだ」（神足裕司「夜討ち朝寝のリポーター・神足裕司のニュースコラム　これは事件だ　６３１回　紛糾の末、最高裁で初の無罪判決　冤罪を晴らすにはあまりに頼りなく思えた最高裁の判断」『ＳｐＡ！』２００９．４．28　32頁）という記述。
88　松本人志「松本人志の怒り！プレイぼーず　３８４回」『週刊プレイボーイ』２００８．６．16　74頁
89　「周防監督11年ぶりの最新作『それでもボクはやってない』」『クイック・ジャパン』２００６．12　１７９頁
90　周防正行「現代法学部学術講演会『それでもボクはやってない』と刑事裁判の実際」『現代法学』２０１２　22　１９９頁
91　大阪府警察本部総務部情報管理課編『統計からみた大阪の事件・事故（平成2年）』１９９１　１００頁
92　深笛義也「ニッポン主義者同盟　遊郭派　『痴漢』を取り巻く社会と文化を探る」『紙の爆弾』２００９．３　69頁

## 2　女性専用車両をどう考えるか

### 女性専用車両が導入された経緯

戦後の混乱の中、電車の激しい混雑から女性や子どもを守ろうと、一九四七年（昭和二二年）に、中央線で婦人子供専用車両が設けられた。[1] この専用車両は好評を博したため、京浜東北線にも導入された。[2] 婦人子供専用車両には、乗客の女性を狙ってスリや酔っぱらいが乗車することがたびたびあったため、警視庁は当時採用が始まったばかりの婦人警察官を実務見習いとして車両に乗り込ませ、対応に当たらせたという。[3] 後に、専用車両は朝の上り急行のみになり、一九七三年八月で廃止される。[4]

しかし、その後も、電車を利用する女性たち、特に都市部の鉄道利用者にとっては、電車の中の痴漢は「日常」であり、女性専用車両を望む声があがるのは当然であった。一九八八年五月二六日の『読売新聞』（二二面）には、横浜に住む主婦からの「女性専用車あれば…」という投書が掲載された。投稿者の娘は四月から電車通学をしているが、「痴漢があまりに多いのです。娘がどんなにいやな思いをしているかと思うと、いたたまれない気持ちです」といい、朝のラッシュ時に女性専用車両を設置してもらえないかという提案である。一九九一年一月一〇日の『朝日新聞』大阪版（四面）にも、「女性専用の車両あれば」という投稿が掲載された。投稿者は二〇代の女性。電車の中の痴漢被害を憂え、女性専用車両の設置に向けて、行動を呼び掛けるものだった。新聞には賛否の声が寄せられ、それを受けた『朝日新聞』は、電車内痴漢や女性専用車両についての記事を掲載する。関西の鉄道各社への取材がなされ、近鉄、阪急電鉄、JR西日本、大阪市交通局は、女性専用車両の導入を検討していないと答えている。この記事を書いた記者自身も、学生時代「電車に乗って学校へ行くのが怖いと思った時があった」といい、「女性専用車両ができたら絶対利用すると思う」と書く。しかし、女性専用車両を導入しただけでは痴漢はなくならないこと、「まず、ちかん行為がいかに女性を傷つけるか、を男性にもっとわかってもらう必要がある」ということが、関係各所に取材を重ねた記者の実感であった。

二〇〇〇年一二月、京王電鉄で、深夜六日間の女性専用車両が試験運行された。酔客による迷惑行為を防止するためという触れ込みであったが、好評を博したため、翌年三月からは平日二三時以降の女性専用車両が定期化される。七月には深夜の埼京線に専用車両が登場、二〇〇二年には、JR西日本、名古屋市営地下鉄東山線、大阪市営地下鉄御堂筋線等でも、痴漢被害防止の名目で、女性専用車両が運行された。二〇〇五年には、首都圏を走る鉄道各社でラッシュ時に女性専用車両が導入され、女性専用車両の認知は一気に進んだ。

これまでにも、痴漢被害防止のための女性専用車両の必要性は叫ばれてきたが、痴漢冤罪問題が浮上し、男性からも女性専用車両を求める声が上がっていた。一方で、女性専用車両は一般男性乗客を排除する男性差別であるという主張もあがる。二〇〇三年には、「女性専用車両に反対する会」が発足し、現在も活動を続けている。

女性専用車両が関西で本格的に導入された二〇〇二年頃は、新聞や雑誌上で女性専用車両に否定的な意見はそれほどみられない。男女ともに語られるのは、乗客の戸惑いや歓迎の様子、効果や広まりへの期待等である。二〇〇五年に、首都圏の鉄道各社が、女性専用車両の本格導入を打ち出すと、新聞や雑誌では、女性専用車両の是非や、痴漢対策の在り方について取り上げられることが多くなった。

## 男性のために必要な女性専用車両

女性専用車両が導入される以前に、男性の冤罪被害防止のために女性専用車両の導入をすべきという意見があった。弁護士の山田秀雄は、痴漢冤罪に怯える男性への対策について、『読売ウイークリー』の取材に答えて次のように言う。

いろいろ考えたけれど、結局、それ以外（引用者注：女性専用車両以外）、思いつかなかった。混雑する時間を避けろと言ったって、通勤者はなかなかそうはいかない。女性のそばに行かないように注意しろと言っても、押し流されて思うように身動きが取れないのが満員電車です。やっぱり、朝、夕のピーク時に女性専用車両を走らせて、男女の住み分けをするしかないでしょう。（『読売ウィークリー』二〇〇〇）[6]

ジャーナリストの大江舜は、女性専用車両導入前の二〇〇〇年『新潮45』で「それにしても最近の痴漢ヒステリーはあまりぞっとしないな。なにも殺人を犯したわけじゃない。ちょっとした出来心で女性の胸に触れたりスカートに手を入れただけで逮捕され、手錠に腰縄の哀れな姿」といい、痴漢を犯罪として取り締まることに批判的な姿勢を見せる。[7]その理由が「痴漢は犯罪であるが生殖に関連した本能的なもの」だからだという。痴漢は男にとって不可避であり、「満員電車につめこまれ、自分のからだの敏感な部分に女性の敏感な部分がなにかの拍子に押し当てられたら。そして悪魔が僕の耳元で『いまだ』とささやいたら……。いっそのことトイレと同じに女性専用車両を作れ。ああ、男である自分が怖い」という。男である自分は、いつか痴漢をしてしまうかもしれず、自分が犯罪者にならないために女性専用車両は必要だというのである。

女性専用車両は、大阪の地下鉄御堂筋線事件をきっかけに導入されたと言われることがある。御堂筋線事件を機に発足した「性暴力を許さない女の会」[8]他の女性団体が、女性専用車両の導入に向けて働きかけをおこなったことは疑いがない。しかし、近年の女性専用車両の導入の先駆けは京王電鉄であり、関西で導入されたのは二〇〇二年と、事件から一〇年以上も後である。また、女性専用車両を望む声自体は事件以前からあった。この事実は、事件や当事者たちの働きかけがあったにもかかわらず、すぐさま導入には至らなかったということを示している。

堀井光俊は『女性専用車両の社会学』（二〇〇九）の中で、推測の域を脱することはできないと断りながらも、痴漢冤罪防止の意図を含んで女性専用車両が導入されたと述べる。[9] 二〇〇五年七月三〇日の『朝日新聞』には、警察庁から副知事として東京都へ出向していた警察官僚の功績として、女性専用車両の導入に積極的に働きかけたことが紹介されており（三一面）、女性専用車両の導入に警察の関与があったことが窺える。痴漢事件の無罪判決が続き、警察は、痴漢冤罪対策に苦慮していた。堀井の推測通りであるとすれば、女性専用車両は、被害当事者が痴漢被害の酷さを訴えて対策の必要性を主張し、女性専用車両のアイデアを出し、関係機関に働きかけたにもかかわらず実現しなかったが、男性の問題として痴漢冤罪問題が浮したことで、警察をも動かし導入されたということになるだろう。[10]

## のぞき趣味にひそむ差別意識

女性専用車両が運用されてしばらくたつと、女性専用車両に乗る女性乗客の様子をレポートする雑誌記事が多く見られるようになる。女性誌でも、「東京　大阪　本誌記者が見た！『女性専用車両』の馬鹿っ女たち！」[11] という記事が掲載された。「本誌四〇代のオバサン記者が実際に乗車」したレポートだと、わざわざ書くのは、彼女が女性専用車両の対象になる乗客ではないという意味であろう。

なんといっても女性専用車両レポートが「花盛り」なのは男性読者を対象とした雑誌である。女性記者を同乗させてのレポートは、女性専用車両が首都圏で本格導入された二〇〇五年頃から多く見られる。どれも、マナーがなっていないとか、足を広げて座る等、男性のいない空間では女性は好き放題なことをしているとして、乗客女性を批判する内容である。記事のタイトルも、「本誌女性記者が乗って見た！『女性専用車』仰天の品格」[12]、「新ダカーポ探検隊　女性専用車両はエゴ丸出し動物園状態⁉」[13]、「凄いことになっている『女性専用車両』の秘密」[14]といった具合で、いかに女性たちが男性の目の届かないところで醜態を見せているか暴き立てようとしている。

『週刊文春』二〇〇五年五月二六日号に掲載された「同乗ルポ『女性専用車両はオンナの無法地帯　大開脚に香水地獄』」は、女性記者による同乗レポートである。[15]「一〇代後半～三〇代が中心だが、『なぜ貴女がここに？』と思わせる中年層も結構多い」「車内は総じて静かだが、登校する女子高生の集団や会社帰りのOLグループは、まさに姦《かしま》しい」「座っている女性客でイヤでも目に付くのが、股間の開脚率だ。明らかに一般車両より、開脚度が高い」と、その内容もさることながら、表現に侮蔑や悪意がにじみ出ている。「『無防備』といえば聞こえはいいが、『嗜みを欠いた』『恥じらいを捨てた』といったら少々言い過ぎか」というように、女性専用車両の乗客が、設置の目的や対象―痴漢被害防止にそぐわない人々であることを、暴こうという意図が見える。

一般に、女性専用車両は一般車両より混雑していないと言われるが、記事では、「〝説教オヤジ〟にも遭遇しないため、ギュウギュウに混んだ車内の僅かな隙間にガッチリ漫画本を広げて読みふける女子大生」がいることがレポートされており、女性専用車両もまた「ギュウギュウに混ん」でいることがわかるのだが、そのことはさらりと流される。そして、こうした女性の醜態の原因は、男性の視線の不在にあると強調される。「男不在の空間は、女の生態をこうまで変えてしまうのか」「加えて、憮然とした表情の女性が目立つ。（中略）少なくとも『男の前で見せる仮面顔』の女性はおらず、無愛想なこと甚だしい」「法が及ばない車内は、オンナたちの無法地帯……いや、〝恥態〟の宝庫と化しているのだった」。ここでいう「法」は男の目のことを指しており、男がいなければ女はこんな風になってしまうという、男性の存在意義を照射するものとなっている。

このレポートを読めば、のぞき趣味的欲望を満足させつつ、女性を侮辱しながら、男の存在意義を確認することができるというわけである。女性専用車両は、男が排除されており男性にとって差別的であると言われることが多いが、こうした、男の目がなければ野放図になってしまう女を描こうとすることで、男性の女性支配欲求をあらわにし、女性差別が今も続いていることを示してしまっている。ここに、女性専用車両は男性による痴漢被害から逃れるためのシェルターであるという認識はない。記事に書かれた、乗車している女性たちの容姿や立ち居振る舞いから、痴漢被害者としての資格がはぎ取られているからだ。

『現代』二〇〇五年九月号にも、「ミッション『都内全ての女性専用車両を制覇せよ』本誌女性編集者『電車女』奮闘記──化粧・爆睡・開脚座りの偽らざる実態」という七ページにわたる記事が掲載されている。[16]何より、女性の形容がすさまじい。足を広げて座っている女性には「なんとも見苦しい」。化粧をしている女性には「不細工このうえない」。取りたてて特徴のない女性たちにも容赦なく「味気ナシ」といい、どんな女性でもけちがつけられることがわかる。また、それほどまでに、乗客のマナーに厳しいのかというと、そうでもなく、同乗レポートのため早朝の東海道本線に乗ると、「隣のボックス席では、おっちゃんがカップ酒を呷っているが、この際、気にしないことにする」とあり、〝おっちゃん〟がカップ酒を呷るのは問題がなく、OLの化粧は問題だという判断基準が不明である。女性専用車両の女性客に問題があるというよりも、女性専用車両やその乗客に難癖をつけたいがための企画に思える。

また、女性専用車両の乗客に性的な視線を投げかける記事もある。「狙われた女性専用車両フシダラな女たち」[17]は、盗撮したとおぼしき写真を配置し、「暑すぎる満員電車ではだけた衣服が卑劣盗撮犯の標的に――」「真夏の暑さに彼女たちの胸元はこれまで以上にはだけ、股間は緩みがち……と予想されるが、周囲が女性ばかりといってどこで誰に狙われているか分からない」と、女性専用車両の乗客を性的加害の標的として扱う視点を提供している。

このような、女ばかりの空間では何が起こっているのかをのぞこうとするのぞき趣味的な行為は、ある種の痴漢といえるのではないだろうか。性的な眼差しから逃れようという女性たちを、女性専用車両に乗る女性たちとカテゴライズすることで、新たな「客体」にしているといえる。

## 女性専用車両に乗る男性たち

電車に飛び乗ったら、そこは女性専用車両で、次の駅で降りるまで乗客の女性たちからの冷たい視線が痛かった、という体験談は、男性からしばしば聞く話である。もっとも、女性専用車両は、男性の乗車を禁止するものではない。まず、小学生までや介助が必要な人、或いは介助者は、男性であっても乗車することができる。加えて、鉄道営業法第三四条第二号「婦人ノ為ニ設ケタル待合室及車室等ニ男子妄ニ立入リタルトキ」は適用されないと解されているため、乗車が禁止されているわけではない。「女性専用」車両は男性乗客へ協力を呼びかける形で、運用されている。そのためか、女性専用車両には男性が乗っても法的に問題がないという見解が広まり[18]、あえてその車両に乗り込む男性がでてくる。[19]女性専用車両の違法性を問題にした裁判もあるが、女性専用車両の設置は正当であり違法性はないとされている。[20]

男性誌では、あえて男性記者が女性専用車両に乗り、乗客の反応をレポートした記事が掲載されるようになる。『週刊プレイボーイ』二〇〇四年一〇月五日号は、「本紙記者、決死の試乗体験でわかった〝女性専用車両〟の苦い乗り心地（笑）[21]」を掲載。タイトルや内容から、男性記者が女性専用車両に乗り込んだのだと思われる。「コンバット記者も勇気を出して乗り込んでみることに。するとそこには、男の視線がないのをいいことに（中略）さらには、強烈な香水と化粧の香りがプ〜ンと鼻をつく。気分が悪くなった記者はひと駅乗っているのが限界だった」。ここでも、男性の視線があるから女性は人並みに存在できるのだとでも言いたげである。

たった一駅の体験乗車で終わったのは、乗客の女性たちの目が気になったからだとか、罪悪感でいたたまれなくなったからではなく、あくまでも、気分が悪くなったからということらしい。かつては、女性から漂う香水の香りは痴漢を誘発する、男性に心地よいものだと言われていたこともあったのだが[22]。

『SpA!』二〇一三年八月二〇日号でも、「実際に男性が女性専用車両に乗ったら何が起こるのか、平日夜の私鉄で検証」すべく「MISSION3　未知の世界⁉　女性専用車両に乗ったら周りの反応はいかに？[23]」という記事が掲載される。しかし、乗車したものの、女性乗客からは「結局、『間違ってます』の注意すらされずに、完全無視で終わってしまった。阿鼻叫喚にならずとも、これではこれでツラくてたまらない……」と、期待外れの結果に終わったことが記される。単に、女性専用車両に乗りたいだけならば、無視されるほどいいことはないはずだ。でも、この記者は、降りてしまう。女性専用車両の乗車目的が、女性たちの圧力にもめげず、抵抗する自分を誇示したいだけだったことが、あらわになる。

男性は、自分たちが痴漢だと見られることには怒る一方で、自分たちが痴漢と同じ目で女性を見ていることには寛容である。ここでも、男たちは、見るという主体性を手放そうとしない。いかなる時も、自分たちは性的な主体でありたい、そして、女性は客体で居続けるべきだといっているようである。

作家の島田雅彦は、「セクハラ考　女性専用車両で恐怖の二〇分」という女性専用車両乗車体験記を『朝日新聞』に書いている。

先日、女性専用車両に乗ってみた。レズビアン・ナイトと知らずにバーに入った男の客の気分にも似て、居心地が悪かったが、意地を張って目的地まで乗り通した。その二〇分間に様々なことを考えた。ここは女性専用ですと注意されたら、なんと答えようか、人畜無害をアピールするにはどうしたものか、歌舞伎の女形のように品を作っていようか、などと。どうすればママゴトに入れてもらえるかを考えた少年時代を思い出し、懐かしい気分だった。女子大に勤める男性教師は男度を下げて、ガールズ・トークに付き合えるようでないと、講義もままならぬという。[24]

島田には、女性専用車両が何のために設置され、どんな人が乗っているのかは、関心の外のようだ。「女性専用」と書かれた空間に、あえて乗り込んでおきながら、居心地が悪かったなどと、自分が被害者であるかのような書きぶりである。女性専用車両に乗っている自分自身を観察し、少年時代を思い出して懐かしがってもいるが、そんなことのために、女性専用車両が設けられたのではない。タイトルにはセクハラという言葉があるが、島田の行為がセクハラに該当するかもしれないとは思い至らないらしい。レズビアンを持ち出したり、女形のように品を作ればいいのではないかと考える、異性愛男性中心主義的な見解が覗くところも問題で、これが大手新聞に掲載されることの意味も問いたいところである。

彼らは何のために、女性専用車両に乗るのだろうか。誰に向けて、その「成果」を誇ろうとしているのだろうか。痴漢被害に遭い続けてこれ以上は遭いたくないと、女性専用車両に乗っている女性たちに、少なからぬ動揺を与えてまで、乗らねばならない理由は何なのか。二〇一〇年六月一九日『朝日新聞』には、女性専用車両に乗り込んできた男性に怖い思いをしたという女子中学生の投稿が掲載されている。[25]女性専用車両に乗り込む男性は、こういう加害を行っているのだ。

## 女性専用車両の効果はあるのか

女性専用車両は、痴漢被害を防止するために設けられたものであり、これ以上痴漢被害に遭いたくない女性たちの安全な通勤・通学の手段を確保したものである。しかし、その効果が疑問視され、女性専用車両の存在が男性差別であると主張されることがある。女性専用車両に、痴漢被害を防ぐ効果はないのだろうか。

痴漢事件の多くは迷惑防止条例違反に該当するが、特別法犯にあたる事件は犯罪統計上検挙件数しか存在せず、被害件数を算出することができない。検挙件数は、必ずしも被害件数と相関しているわけではなく、取締り機関の態度も影響するため、たとえば大がかりな一斉取締りが行われると、検挙数は伸びる。したがって、痴漢事件の検挙件数で被害が防止できたかどうかを測ることはできない。そこで、把握されている件数は少ないが、痴漢行為の中でも程度の重い、電車の中の強制わいせつ事件の認知件数（＝被害届出件数）の変動をみてみよう。

図12は、犯罪統計書を元に筆者が作成したグラフである。電車内の強制わいせつ認知件数は、

二〇〇一年をピークに減少しており、二〇一七年はピーク時の半数である。首都圏で女性専用車両が本格導入されたのは、二〇〇五年であった。先述したように、電車内の強制わいせつ事件の多くが首都圏で発生しており、その傾向は、以前からのものである。強制わいせつ事件全般に認知件数が減少傾向にあることから、この数値だけを見て、電車内の痴漢事件の変動や、女性専用車両の影響を見ることはできないものの、女性専用車両の導入と同時期に、電車内で発生した強制わいせつ認知件数が減少していることは指摘しておく。

また、鉄道警察隊が受理した性的被害相談件数も、見ておこう。相談件数は当事者の自主的な行動が反映されており、相談件数の変動を見ることも、認知件数と同様、被害の実情を探る上で参考になる。

図13は、全国の鉄道警察隊に持ち込まれた性

(図 12) 駅、電車内での強制わいせつ認知件数

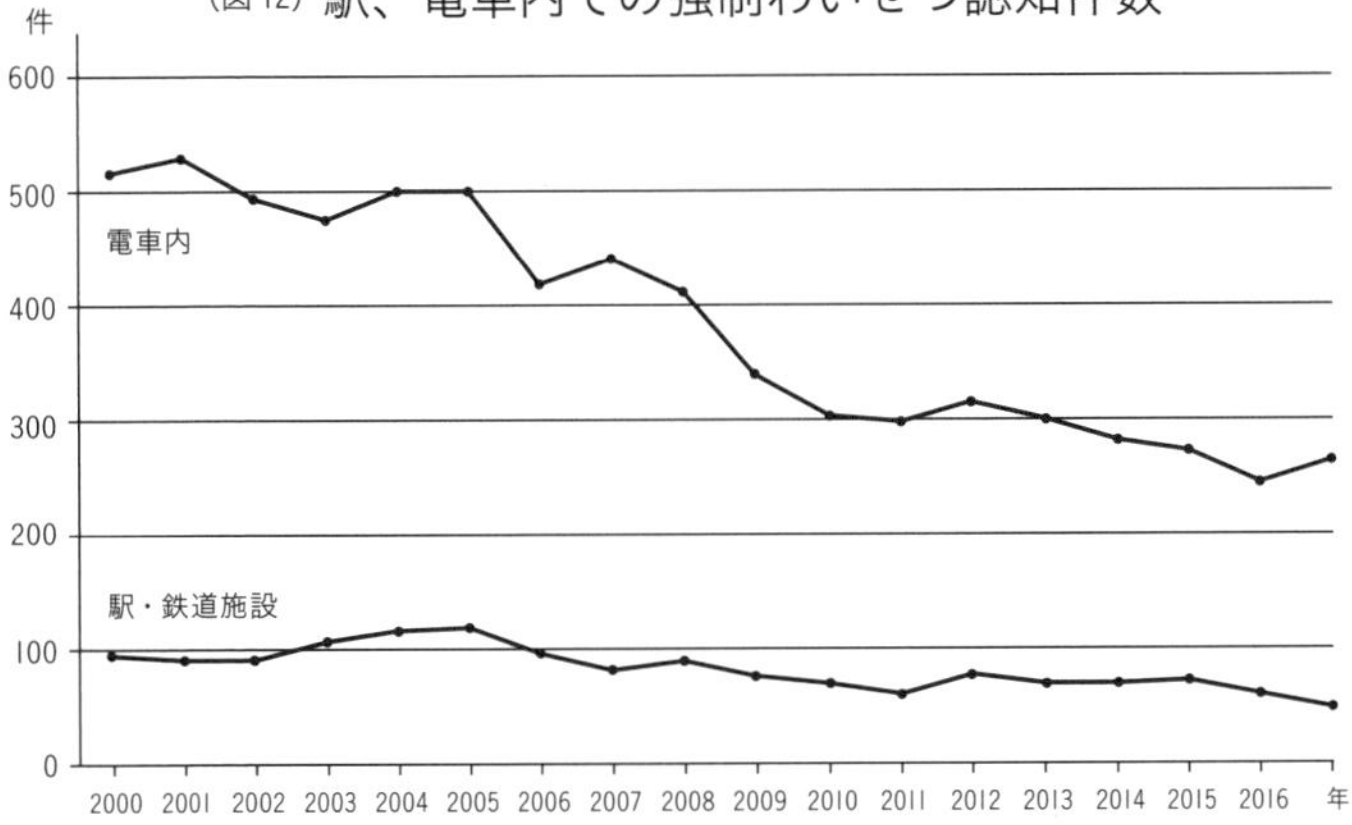

的被害相談件数を表したグラフである。二〇〇三年までは、警察白書に掲載されている数値を、二〇一三〜二〇一七年分は、筆者が警察庁に情報開示請求を行い提供された被害相談ファイルデータ（受理窓口：鉄道警察隊、申立事由：卑わいな言動）を集計したものである。前者は、警察庁が都道府県警察本部に、鉄道警察隊の女性被害相談窓口に持ち込まれた相談数の報告を求めて集計したものであり、後者とは同じ基準で比較できる相談件数ではないことに注意が必要である。二〇〇四年以降は、警察庁は都道府県警察の鉄道警察隊に相談件数の報告を求めていないという。

図13のグラフを見てみると、二〇〇二年に相談数が減少していることがわかる。二〇〇二年は関西で女性専用車両が本格導入されはじめた年である。二〇一三年以降については、データの収集方法が異なるため、二〇〇三年までの数

（図13）鉄道警察隊（全国）性的被害相談受理件数

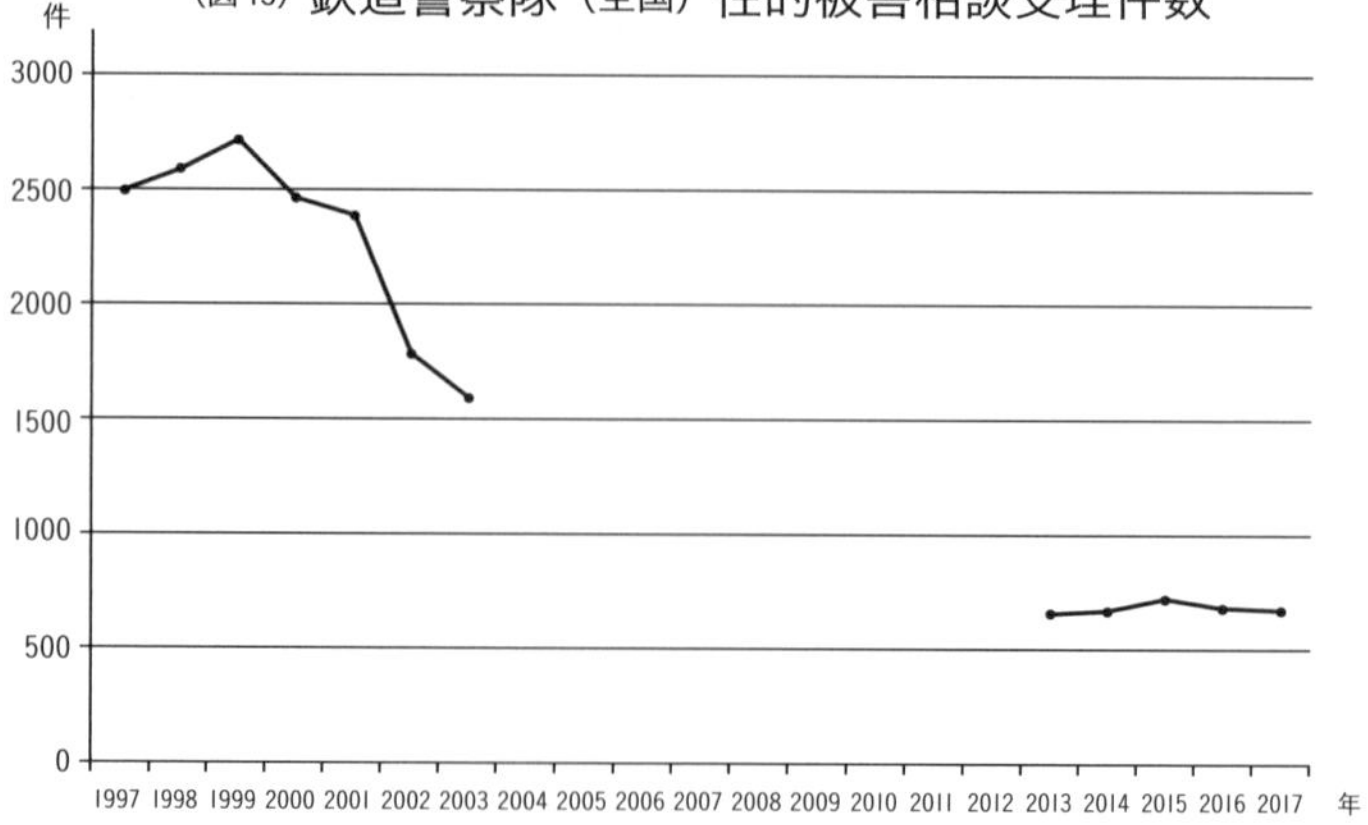

値と単純に比較することはできず、この数値から単純に相談数がピーク時の三分の一以下に減ったと解釈することはできないが、参考にはなるだろう。

## 男性専用車両は必要か

雑誌記事やインターネット上では女性専用車両だけでなく、男性専用車両も設置すべきであるという意見も見られる。特に、「男どもを、痴漢冤罪の危険から守る必要もあるのではないか」[26]、「今は自分の身は自分で守るしかありません。(中略)ボクは鉄道各社にそういった人を救うためにも男性専用車両を作ってくれと言いたいです」[27]と、痴漢冤罪を問題にする文脈で、主張されることが多い[28]。

痴漢被害に遭いたくない女性は女性専用車両に乗車すればそれを防げるのに対して、一般車両にも女性客はいることから、痴漢冤罪の恐怖に怯える男性達には逃げ場がない。そういう男性達のために、男性専用車両を設置すべきだという。男性専用車両の導入を求める署名運動も行われている。ここでは、すでに多くの女性が被害に遭っている痴漢という性暴力と、杜撰な捜査や司法の問題である冤罪、すでに経験している被害と、可能性としての冤罪被害が同列に並べられる。すでに述べたように、そもそも、痴漢だと叫ばれたら最後だという認識自体が誤りであり、冤罪の責任は女性ではなく捜査機関や裁判所にあるにもかかわらず、女性に問題があるかのような責任転嫁がされてきたのであった。

また、男性専用車両を作れば問題が解消できるかのごとき認識には、「被害者」の存在がない。彼らの言う「被害者」は、痴漢被害者のことではなく、痴漢「冤罪」被害に怯える人のことである。男性の痴漢被害者もいるのに、その男性被害者のことは眼中にないようだ。

「痴漢被害に遭うことがないのだから、男性専用車両はなくて当然だ」という女性のご意見もあろうが、男性だって痴漢冤罪の被害に遭う可能性があるのである。しかもこの場合は職を失い、人生を台無しにするリスクまである。（『Ｓａｐｉｏ』二〇〇九[29]）

東京では、二〇〇一年に条例が改正され、条文の「婦女」が「人」に変更されて、男性への卑わい行為も処罰対象になった。それまでは、男性に対する痴漢行為を、女性に対するものと同様に取り締まる法令は存在しなかったのである。改正の結果、二〇〇一年九月から翌年八月までの一年間で、男性への痴漢行為で一年間に二〇人の男性が同条例違反で検挙された[30]。痴漢冤罪の被害防止目的で男性専用車両の必要性を叫ぶ人たちは、同性としてそのことに思いをはせないばかりか、冤罪に怯える自分たちこそが、痴漢被害者であるかのようにふるまい、男性被害者の存在を不可視化させている。

男性の痴漢被害者と聞いて、文字通りの男性で痴漢被害に遭う人として思い描けないのは、男性の語る痴漢問題に、「被害者の視点がない」ということである。女性専用車両を設置したり、男性車両も必要だと主張されるような時代になったことに「ただ電車に乗るだけなのに、そこまでしなきゃダメ？　満員電車以上に息苦しい世の中になったもんだ」[31]といえるのは、これまで男性が何も心配せずに電車に乗れる立場にあったことを示している。女性たちは、ずっと、ただ電車に乗るだけのために闘ってきたのだった。

## 女性専用車両を利用する女性に対するまなざし

痴漢被害の問題は女性専用車両があれば解決できるなどと思っている人はいるだろうか。女性専用車両は、根本的な解決策ではない。女性専用車両が存在すること自体が、恥ずかしいことである。日常生活が脅かされる、普通に通勤や通学ができない社会だということなのだから。痴漢抑止バッジというものがある。[32]痴漢被害に遭っていた高校生が、母親のアドバイスのもとに「泣き寝入りしません」と書いたカードを鞄につけたら被害に遭わなくなったという経験をもとに、つくられたものである。しかし、被害の背景には、その高校生が、自意識過剰であると人に言われることを怖れて女性専用車両に乗れず、一般車両に乗らざるを得なかったという事情があったという。[33]

筆者のところには時折、SNSやメールで、痴漢被害者の声が寄せられる。中には、電車通学をする女子高校生からの、女性専用車両に乗っているのを同級生の男子に見られてからかわれ、それから女性専用車両に乗れなくなってしまったという声もある。男子にからかわれるくらいなら、痴漢被害に遭った方がまし、と思ったわけではないのだが、結果として、痴漢被害に遭わないために女性専用車両に乗ることよりも、痴漢被害に遭ったとしても男子からからかわれないという方を選び、一般車両に乗り続けて、何度も痴漢被害に遭っているというのだ。巷にあふれる、女性専用車両を利用する女性たちに向けられた非難の声も、彼女に突き刺さったという。

女性専用車両という痴漢被害に遭わないためのシェルターが設けられているにもかかわらず、乗りたくても乗れない女子高校生がいる。彼女には、大人の「女性専用車両に乗ったらいいんだよ」という声よりも、同級生の男子のからかいの声や視線の方が重かった。学校を中心に回る彼女の生活世界では、同級生の視線はとても重要なことだった。シェルターが用意されているのに、それを利用させない声や視線の存在も、彼女にとっては加害そのものだ。

別の女子高校生は、女性専用車両を利用しているところを見た同級生の男子に「お前なんか痴漢に遭うはずがない」と言われて、言い返せなかったのだという。性被害を外見の評価と結びつける論法である。彼女は、被害に遭った経験があるから、もうそれ以上遭いたくなくて、女性専用車両に乗っていた。でも、その事実を、そのまま言うことは躊躇《ためら》われた。被害に遭ったことがあると言えば、その状況を語ることが要求される。性的なネタとして、性的な文脈で消費し尽くそうと待ち構えている相手に向かって、それを語らなければならなくなる。被害者に対するスティグマだって無視できない。痴漢被害が外見の評価と結びつけられることで、被害に遭えば、それがあたかも女性としての魅力を評価されたことであるかのように肯定的にねじ曲げられ、被害性が後ろへ追いやられてしまう。彼女が黙るしかなかったのは、一瞬にして、そういうやり口を理解したからだ。はじめから、反論を封じ込めた上でなされる揶揄、からかい。男同士のコミュニケーションの中では、痴漢被害ですら、自分たちが盛り上がるいいネタ扱いだ。高校生ですら、そういう世界の中にいる。

## 男性差別という主張を読む

「女性専用車両は男性差別なのか？」という問いは、アカデミックな議論のテーマでもある。

歴史的にみれば、多くの差別は解消されてきているのであろうが、本稿で論じたような、新たな差別（少なくとも差別だという指摘のあるもの）（引用者注：女性専用車両を指す）が生じてもいる。（三谷竜彦「いわゆる男性差別の問題について（一）——女性専用車両の是非を考える——」）[34]

いわゆる「マジョリティ」であるとされる男性に対する性差別が存在し得ないような特殊かつ恣意的な定義を採用しない限り、女性専用車両が性差別ではないとすることには無理がある。ある行為が「差別を目的としていない」ことと、「差別ではない」こととは無関係である。女性専用車両が痴漢対策であるとしても、それが差別ではないという理由にはならない。（兒山真也「女性専用車両が抱える課題」）[35]

女性専用車両は痴漢とは関係のない男性をその車両から排除するものであること、また、一般車両は女性専用車両より混んでおり、結果として、同じ乗車料金を払っているのに男性はより混雑した空間に押し込められており、不公平であること、一般車両には女性は自由に乗れることから、男性は痴漢冤罪の不安から免れることができないこと、が指摘される。[36]

女性専用車両が導入された当時、メディアでは、車両の快適さを喜ぶ利用客の声が大きく紹介された。また、レディースデーや他の女性専用サービスと同列に女性専用車両が取り上げられる等することで[37]、女性専用車両の痴漢という性暴力被害を防ぐための対策という目的が、女性に特化したサービスの一つに「格下げ」されて語られた。さらに、女性専用車両の利用客のマナーの悪さをあげつらうことによって、痴漢に遭うような女性ではないと、彼女らの被害者資格が剥奪された。そのことによって、これまでの痴漢被害の防止という問題が後退した感がある。

一方で、女性専用車両が痴漢被害防止対策として採用されたことから、その存在はすべての男性を痴漢扱いするということであり、男性蔑視である、という言い方もされる。[38]これまで見てきたように、メディアでは、痴漢冤罪が社会問題になるまで、痴漢を男性の通勤時間のお楽しみのように扱い、痴漢は男性ならみな持っている性欲によるものだからしかたがないとか、たかが痴漢といった認識で、痴漢被害を問題にする女性の声を聞き入れなかった。冤罪の被害に遭った当事者ですら、「男である限り、誰でも平等に加害者になる動機をもっている[39]」と、男性には痴漢の動機があると断言している。女性「が」男性全般を痴漢だとみなしているのではない。男性自身が、しかも、冤罪被害に遭った人までもが、男性全般を痴漢予備軍であるかのように語っているのだ。前述したように、捜査・裁判の過程においても、痴漢をはじめとする性的犯罪は、性欲によるものであり、男性なら誰でも持っている本能によるものだとする見解が前提となっている。

女性専用車両を男性差別であると考える論者に共通しているのは、痴漢が、あたかもごく少数の逸脱者であって、自分は無関係、あるいは、痴漢に間違われたり、痴漢対策によって不利益を被っている「被害者」だという認識に立っていることである。これまで見てきたように、男性は、痴漢被害を娯楽として楽しみ、声をあげた女性の容姿をあげつらい、女性の痴漢被害を軽く見積もってきたのだった。それは、犯罪統計に表れるごく少数の痴漢犯罪者だけの問題ではない。

痴漢をはじめとする性暴力は、「性差別社会の産物」である。[40] 性差別に起因する、現実の被害を防止するための対策が、一見、差別する側に負担を強いるものになるのは否めない。女性専用車両が男性差別だとの主張は、「差別する側に負担を強いる」という点を問題にしたものにすぎず、背景にある差別が問われていない。これまでの歴史や、女性が置かれている状況を無視して、表面的な現象を論じても意味はない。

女性解放運動家の山川菊栄は、一九二八年（昭和三年）、今で言う女性専用車両の導入を新聞報道で知り、次のように述べた。

鉄道省は、男子の同乗客の『悪戯』から婦人を救ふために、『婦人専用車』を運転する計画を立ててゐるといふ。この事実は、（中略）日本男子の性道徳の水準を表明するものとして、世界の前に誇示せらるるに足るものであらう。[41]

もちろんこれは皮肉である。女性専用車両の導入は、男性の性的モラルの低さを世に知らしめるものであって、男性はそのことを恥じるべきだというのだ。

現在の、電車内痴漢や女性専用車両を巡る状況——男性が、女性専用車両を導入しなければならないほど痴漢被害が多いことを自分事として問題にするどころか、被害から逃れたい女性の居場所が設けられたことを男性差別だと主張し、あまつさえ、その居場所に乗り込んで、己の存在価値を誇示する——が、山川が批判する通りであることを、どのように考えればいいのだろうか。

1 『読売新聞』1947.5.1 2面
2 『読売新聞』1947.9.10 2面
3 淵真吉『婦警さん』1970 霞が関出版会 57頁
4 『読売新聞』1973.8.14 22面
5 『朝日新聞』1991.2.20 5面
6 「痴漢のえん罪に泣く男性は無数 女性専用車両の導入を急げ」『読売ウイークリー』2000.9.

10　49頁

7　大江舜「やめてくれ、痴漢ヒステリー」『新潮45』２０００.６

8　２０１８年８月４日に開催された公開研究会「性暴力・セクシュアルハラスメントを考えるために」第１回「『痴漢は犯罪です』――地下鉄御堂筋線事件を知っていますか？」（龍谷大学犯罪学研究センター）での、「性暴力を許さない女の会」メンバーによる報告より。本研究会の模様は、ＩＷＪ（インディペンデント・ウェブ・ジャーナル）サイトで動画配信されている。

9　堀井光俊『女性専用車両の社会学』２００９　秀明出版会　61頁

10　小学校教員の神谷祐子は、３年生の社会科の授業で、発展学習として女性専用車両を扱った。そこでは、女性専用車両は「痴漢の被害に苦しめられている女性や、痴漢に間違えられて迷惑をした男性の要望にこたえて設置されたもの」と説明されており、女性専用車両の設置は、痴漢冤罪を恐れる男性に対する配慮目的もあることが前提になっている。神谷祐子「〝女性専用車両の問題〟をどう発展学習につなげるか」『社会科教育』２００５　42（10）

11　「東京　大阪　本誌記者が見た！『女性専用車両』の馬鹿っ女たち！」『女性自身』２００３.２.４

12　「本誌女性記者が乗って見た！『女性専用車両』仰天の品格」『週刊ポスト』２００７.２.９

13　「新ダカーポ探検隊　女性専用車両はエゴ丸出し動物園状態!?」『ダカーポ』２００７.３.21

14　「凄いことになっている『女性専用車両の秘密』」『週刊新潮』２００８.９.11

15　「同乗ルポ『女性専用車両はオンナの無法地帯　大開脚に香水地獄』」『週刊文春』２００５.５.26

16　「ミッション『都内全ての女性専用車両を制覇せよ』本誌女性編集者『電車女』奮闘記――化粧・爆睡・開脚座りの偽らざる実態」『現代』２００５.９

17　「狙われた女性専用車両　フシダラな女たち」『実話ナックルズ』２０１１.８

18　たとえば、村上敬「『女性専用車両』男が乗っても法的にはＯＫ」『プレジデント』２０１１.10.31。

19　「不届きな面々」『週刊新潮』２００３.４.17、「『聖域』急襲」『週刊新潮』２００８.11.６、「ＪＲ東日本　男性が目立つ『女性専用車両』」『ＺＡＩＴＥＮ』２０１２.４

20　東京地裁平成23年７月12日判決（「暮らしの判例」『国民生活』２０１７　65　33-35頁）

21　「本紙記者、決死の試乗体験でわかった〝女性専用車両〟の苦い乗り心地（笑）」『週刊プレイボーイ』
２００４．10．５　48頁

22　「この季節に痴漢を誘発するのは、露出度の高い服、それに女性から漂う香水やシャンプーの匂いだ」
（「被害激増　２００１年夏ニッポン『痴漢』列島　電車の中の欲情犯罪『最新手口』」『週刊大衆』
２００１．８．13　35頁）

23　「ＭＩＳＳＩＯＮ３　未知の世界⁉　女性専用車両に乗ったら周りの反応はいかに？」『ＳＰＡ！』
２０１３．８．20

24　島田雅彦「セクハラ考　女性専用車両で恐怖の20分」『朝日新聞』２００３．５．10　ｂｅ

25　（声）若い世代　女性専用車両にも迷惑な男性
中学生（千葉県市川市　13）
通学時間に電車の女性専用車両に乗っていたら、ある駅で男の人が乗ってきました。乗ってくるのはまだしも、その男の人はビックリすることに、車内で大声をはりあげて「オレは女性専用車両に乗りたくて乗ってんじゃねーんだぞ」とか「この電車はまちがっている」とか、言いわけのようなことをたくさん言っていました。
しかも駅に着くたびに、女性専用車両の別のドアから入り直し、同じことをずうっとずうっと、ぐちぐち大声で言っていたのです。そしてある駅でおりていきました。
この時、私はとても怖くて、じゃっかんふるえていました。そして言いわけのようなものを言いつづけて、みんなに迷惑をかけるくらいなら、最初から普通車両に乗った方がいいし、まちがえて乗ってしまったのなら静かにしてればいい、と思いました。私はそういう非常識な大人にはなりたくないと思いました。（14面）

26　阿川弘之「葭の髄から　１２０回　男性専用車」『文藝春秋』２００７．４　78頁

27　「ストップ・ザ・痴漢冤罪で、『男性専用車』設置希望が殺到中⁉」『週刊プレイボーイ』２００８．４．
21　１９６頁（池上正樹のコメント）

28　他に、井上薫『痴漢冤罪の恐怖「疑わしきは有罪」なのか？』２００８　ＮＨＫ出版　16－17頁

29　通勤電車環境向上委員会「女たちよ女性専用車両に乗って下さい！」『Ｓａｐｉｏ』２００９．４．22　84頁
30　『朝日新聞』２００２．10．3　夕刊　15面
31　「女性専用車両を導入したのに、逆に痴漢が増えた意外な理由とは？」『週刊プレイボーイ』２００3．6．24　47頁
32　企画・製作は、痴漢抑止活動センター。『朝日新聞』２０１６．５．12　31面
33　注８に同じ。
34　三谷竜彦「いわゆる男性差別の問題について（1）――女性専用車両の是非を考える――」『名古屋大学哲学論集』２０１５　12号　65頁
35　兒山真也「女性専用車両が抱える課題」『都市と公共交通』２００５　30　28頁
36　松尾陽は、「女性専用車両が男性差別かという問題を（法哲学的に）考える筋道を与える」ことを目的とした論考の中で、女性専用車両は、①特定の車両に乗る機会を男性から奪うこと　②女性専用車両の存在自体が男性に「潜在的痴漢」というレッテルを貼ること　という2点から、「男性の」自由や利益を制約すると述べる（松尾陽「女性専用車両は男性差別か」瀧川裕英編『問いかける法哲学』２０１６　法律文化社）。
37　『律義な負け犬』を狙え　レディースローン活況の舞台裏」『ＡＥＲＡ』２００４．９．20
38　「『女性優遇社会』にマジギレする男たちの狂気」『ＳＰＡ！』２０１０．６．29、平岡妙子「女性専用車両は『私の部屋』ごこち　逆差別か、痴漢防止の苦肉の策か」『アエラ』２００５．５．23
39　矢田部孝司・矢田部あつ子『お父さんはやってない』２００６　太田出版　２９９頁
40　角田由紀子『性差別と暴力　続・性の法律学』有斐閣　２００１　２０８頁
41　山川菊栄「資本主義の社会と性的犯罪」『女性』１９２８　13（2）１４１頁

# おわりに

四半世紀ほど前の話である。きっと、今はこんなことはないはずだ。だから、こんなこともあったのだと、ひどい時代もあったものだと、そう思って読んで欲しい。

その時、わたしは警察官だった。警察学校を卒業してまだ一ヶ月も経っていない新人の。仕事にも職場にもまだ慣れず、気ばかり張って過ごした一日が終わり、帰宅途中の電車内で、痴漢被害に遭った。いや、遭っていた。

勤務署の管轄区域内に住むことが原則の警察で、自宅から通える距離だからと、わたしは管外居住が認められていた。職場の最寄り駅から各駅停車で約三〇分。勤め先は都市部とは逆方向だから、朝夕の通勤時間帯でもそれほど混まない。その日も、車内は空いていた。わたしは、ドア横の二人掛けの席に、ひとりで座っていた。

ドアが開き、長身の年嵩の男性が乗ってきた。スーツ姿で、一目で仕事帰りとわかる身なり。その男性はさほど躊躇することもなく、わたしの横に座った。空いている座席はいくつもある。おかしい、と思った。ほどなくして、自分の直感が正しかったのを知る。その男性は、新聞を大きく開き、それに隠れるようにして、手を伸ばしてきたのだった。

席を立つことよりも何よりも、その時、わたしが思ったのは「どうしたらいいのか」ということだった。わたしは被害者であるということ以上に警察官で、この犯罪行為を放置してはいけないと思ったのだった。別の車両に移ったり、どこかの駅で降りてやり過ごすのはいけないことだと思った。それは、犯罪を見逃すことになる。けれど、どうしたらいいのかがわからない。警察学校では、痴漢行為の取締りや、適用法令や実務的なことを学んだ覚えはなく、交番勤務でも扱ったことがなかった。

痴漢はわたしを触り続けている。体をずらしたり、腕で押し返すくらいのことはしていた。けれど、そんなことでは痴漢は動じない。駅に停車するたび、誰かが乗ってくるのを期待した。乗客がわたし（たち）を見てその不審に気付くかも知れないし、その眼を気にして痴漢行為を止めるかもしれない。男が新聞を不自然極まりない姿勢で広げて、若い女性（わたしのことだ）にもたれかかるようにしている。わたし（たち）は見るからにおかしい「画」なはずだった。けれど、乗客によって痴漢被害に遭っていることが指摘されることも、痴漢行為が中止されることもなかった。誰もが無視を決め込んでいた。

どこかの駅でこの人をホームに降ろして、警察に連絡をしよう。駅員に事情を話して警察に連絡をしてもらおう。そう心に決めても、駅員が改札口にしかいない駅ばかりで、どうやってそこまで連れて行ったらいいのかと思う。誰かに助けて貰えるとも思えなかった。途中で逃げられたら？　どこの駅で降りよう？　頭の中は忙しい。その間も、わたしは触られたままだ。

逃げること、その場を離れることは頭になかった。

「どうしよう」。考え続けていくつも駅を過ぎ、自分が降りる駅まで来てしまった。そこでようやく、わたしは声を出した。「次の駅で、一緒に降りて下さい」。痴漢は新聞をたたんで立ち上がり、電車が駅に着いてドアが開くと同時に、ホームに走り出た。逃げた、のだ。わたしは追いかけた。「待ちなさい」と叫びながら。

ホームから階段を駆け上がる。その時のわたしのいでたちは、ベージュのテーラードスーツ。膝丈のタイトスカートに、三センチヒールのパンプスでは、階段を全力で駆け上がることはできなかった。大きめのショルダーバッグも走るのには邪魔だった。痴漢の足は速かったし、駅の利用者達は、誰も痴漢を捕まえようとはしなかった。それどころか、痴漢が逃げるのを助けるかのように道を空けているようにすら、わたしには思えた。

改札口方向にその痴漢は逃げる。「待ちなさい」と叫びながらわたしも追いかける。と、「どうした?」と声がした。上司だった。同じ電車に乗っていて、同じ駅で降りていたのだった。「痴漢です!」それを聞いて、上司も痴漢を追いかける。他の客たちが怪訝そうに見ているのを感じる。いつも使う駅。いつもの電車。明日も、同じ電車に乗るだろう。この人たちも一緒に。各駅停車しか止まらない地方の駅。毎日の通勤で、それとなく同じ電車に乗り降りする人たちの顔は知れる。

その時、わたしを呼ぶ声がした。母だった。会社勤めの母親も、偶然同じ電車に乗っていたのだった。「痴漢」と叫びながらわたしは走った。母も、遅いながら走る。「痴漢、捕まえて下さい」と叫びながら。

痴漢は改札をすり抜けた。わたしも後を追う。駅員から、切符をと呼び止められる。「あの人痴漢なんです」叫びながら改札を抜けた。後ろから「お客さん、切符を」とわたしに向けた声が聞こえる。駅員にとっては、わたしは無賃乗車の犯人になるんだと思った。そこで、また知った顔を見つける。母親をピックアップするため車で来ていた父親だった。母の「捕まえて」という声に父も一緒に男を追いかける。

痴漢が逃げて。それを上司が追って。その後ろを父親が追って。遅れてわたしも追って。もっと遅れて母も追って。さながら絵本の『おおきなかぶ』。駅を出て、道路を渡り、坂を下って、少し入った駐車場に痴漢が逃げ込んだ。わたしがそこに着いたときには、上司が男性の腕を掴んでいた。父も一緒に。上司はその男性に言った。「この人、警察官。婦警さん(当時の呼称は、婦人警察官だった)」。その人の目が見開かれ、ものすごいものを見た様な表情になった。そして、諦めたような、怯えた表情になった。あの表情は忘れられない。その時初めて顔を見たのだと思う。

触られていたときは二人掛けの席に横に並んで位置しており、痴漢だとわかってからは、一度も顔を見ていない。広げていた新聞や、わたしの側の手と袖口、それに続く腕。立ち上がった時に見たスーツの後ろ姿。そして、追いついた先で見た顔。ドアから入って来たときに、全身を見た様な気もするが、ぼんやりとした印象しかない。どんな新聞の何面を広げていたかも覚えていない。

上司は言った「パトを呼べ」。男性を警察署に連れて行くためにパトカーを呼べという意味だ。言われるままに一一〇番をするが、焦るばかりで上手く状況を伝えられない。

駐車場に戻って、改めてその男性を見る。端正な身なり。父親と同年代くらいか。父も、男性の片腕を押さえている。あんな「大胆な」やり方、たぶん初犯ではない。

パトカーを誘導せよと上司に指示されて、駅前の通りに戻る。駅前の道路に、赤灯が目立つ。その時、パトカーの助手席に乗っている顔を見て、愕然とした。同期の男性警察官だったのだ。嗚呼！　しかし、考えてみれば、どの警察署にも知った顔がいるのだった。

わたしもパトカーに乗車して、警察署に行くことになった。パトカーには、助手席に同期生、後部座席右側に男性、上司を挟んで左にわたし。加害者と被害者が同じ車に乗る。被害者が、知っている警察官と一緒に車に乗る。気まずい、なんてものじゃなかった。

それでも、と思う。もし、その電車に上司が乗っていなかったら。母親が乗っていなかったら。父親が迎えに来ていなかったら。きっと、その痴漢は逃げ切って、わたしだけが駅に取り残され、服も髪も乱れた正視に耐えない姿で、なのに好奇の目にさらされていたはずだ。たぶん、わたしはとても「ラッキー」な被害者だった。

警察署に着くと、男性とは別にされて、一階の応接スペースに座らされた。当直の捜査員とおぼしき制服姿の男性二人から事情を聞かれる。目の前には供述調書が広げられている。男に、性被害に遭った詳細を、女が、話す。この困難といったら。被害を届け出る場で、「痴漢被害に遭いました」と言うだけでは、何も話していないに等しい。「触られました」「どこを」。言葉が出てこない。「どちらの手で」「どの指で」「手のひらか甲か」「どんな風に手を動かした」「指のどの関節までか」「それは見ていたのか。見ていなければなぜわかった」。聞かれても、すぐには答えられない。説明の仕方も「こんなふうに」ではダメなのだ。身振り手振りで説明しても、それは説明とはみなされない。言葉で、事細かに説明しなければならない。根拠も添えて。男にわかるように。男が想像できるように。

何にもまして、苦痛だったのが、「なぜ逃げなかったのか」「なぜ抵抗しなかったのか」の質問に、わたしが答えられない、いや、わたしの答えに捜査員が満足できなかったことだった。条例違反には、暴行脅迫要件がなく、立件に際して抵抗の有無は問題にならないはずだった。でも、実際はそうじゃない。何を言っても説得力がないらしかった。その時そうするより他になかったから、その結果が今、なのだ。それが精一杯だった。それでも、理解はされなかった。あからさまには言われなかったが、触られ続けることが、「同意」を意味するらしかった。そんなこと、どこに書いてあるんだ？ ひと言もいいとは言っていないのに。勝手に触ってきたのに。本人は、人に見つからないように新聞で隠していたというのに。精一杯言ってみた。警察官としての正義感から、とにかくこの人を捕まえなければならないと思っていました。けれどどういう方法があるのかわからなくって。でも、触られ続けていた者には、正義感など語る資格がないのだった。そう、資格。被害者には資格が必要なのだ。

抵抗せず長時間触られ続けていたという「落ち度」、自分で捕まえられなかったという「失態」、「きれいな」事件ではなかった。ましてや、触られるような「スキ」があったと見られる。当事者の経験は、当事者不在の尺度でジャッジされる。呆れられている、と思った。煩わしいと思われている、と感じた。目の前の二人の男性捜査員の求める「供述」ができないわたしに向けられている視線が痛い。

後に、判例を探していて、わたしの被害よりも前に、出勤途中の婦人警察官が痴漢被害に遭い、それをめぐって裁判が行われていたのを知った。判決文を読むと、公判で被害者が、一〇分以上にわたって触られ続けたことについて、不自然であるとか、「女性としての節理を欠いている」という指摘までされていたようだった。その事件を取り上げた週刊誌には、被害者の写真、同僚警察官による容姿についてのコメントや詳細な被害の模様が書かれていて、痴漢被害が読者の娯楽として提供されていること、警察もそれに加担していることに、今更ながらに驚くのだった。

話を聞いている捜査員の一人が、加害者を訴えますかという意味のことを聞いてきた。一瞬、意味がわからなかった。わたしは痴漢被害に遭い、加害者を追いかけ通報した。犯罪被害者が、助けを求めて通報する、加害者を見つけて通報する、それを実行したまでだ。その警察官は言う。被害の訴えというのは、加害者を刑事罰に処して下さいという意味を持つものだ。被害届の意味は、犯人を裁判にかけて有罪にして欲しいと託すものだと。その時、そこまで考えていたわけではなかった。放置してはいけない、被害に遭ったのだから、そういう思いでいただけで、裁判とか有罪とか、話がいきなり大きくなって、答えに窮する。たたみかけるように捜査員は言う。わたしにかかっているのだと。わたしが訴えれば、加害者は刑事手続きに則り処罰される。前科がつくというのはその人の人生にとって大変に大きなことだ。その判断を被害者であるわたしが担っている。わたしの判断次第で、加害者の人生が決まるといってもよいのだ、と。

加害者の人生を背負わされているかのようだった。まるで、訴えようとする自分が悪いことをしているかのように聞こえた。見過ごしてあげなさいという声が練り込まれている様にも思った。そう言われて、それでも加害者を調べて下さい、とは言えなかった。言えない雰囲気だった。それを言わせないために、説得をしているのだと思った。当直員も含めて、周りにいるのは全員男性。針のむしろのようだった。もっと、落ち着いた場所で話ができたら違ったかもしれない。あるいは、自分が警察の組織員でなかったら。一線に出たばかりの新人警察官のわたしには、目の前の警察官の言うことは、組織の指示に近かった。

もう、その場にいたくなかった。疲れてしまった。どうしますか。裁判にかけたいですか。いえ、いいです。そうとしか言えなかった。

何しにここに来たんだろう。何のために、電車の中であんなにアタマを悩ませたのだろう。自宅近くの駅で、大声を出して走って。改めて自分の姿を見れば、スカートが一八〇度回転して、後ろのスリットが前に来ていた。走り慣れない靴とスーツで駅の階段を駆け上がったりしたせいかもしれない。自分の姿をみっともないと思った。自宅まで、送って貰ったような記憶はある。

その晩遅くに、警察学校の時の教官に電話をした。かいつまんで何が起きたのかを説明し、そして、事件にはしないことにしたと言った。その男性教官は、被害に遭って泣き寝入りしないことこそが正義、事件化すべきだと主張した。そして、わたしが痴漢の被害に遭ったのは「魅力的だから」であって、落胆したり恥じることではないと言った。慰めているつもりだったのだろう。その後、その人ははどこまで触られたのかと詳細に聞き、下着の中に手が入るなどすれば強制わいせつ罪が適用できるんだがと、残念そうな口ぶりで言った。「おしい」と言われたような気もする。より厳しい処罰のために、犯罪者により重い罪を課すために、より大きく事件にするために、わたしが身を差し出さなければならないような言い方に、この人は、被害者は単なる事件の証拠に過ぎず、どうしたら「よい事件」が組めるかを考えるのが仕事なのだと思った。

翌日も勤務だった。普段通りに出勤したら、多くの署員たちから声をかけられた。一一〇番通報は、その内容が県下に無線で流されるのだった。当然、勤務先の当直員はそれを聞いていた。昨日、痴漢を捕まえたんだって？　朝礼が始まる時間になり、会議室に急ぐ時にも、「痴漢を捕まえた婦警さん」という声が飛んできた。曖昧に笑ってやりすごすしかなかった。わざわざわたしのところまで来て、昨夜の事件が本当のことだったのかを確かめに来た人もいた。中には、六法を持って、何罪で立件することになったのかを聞きに来た捜査員もいた。強制わいせつ罪なのか、条例違反なのか。それがわかれば、わたしが何をされたのかもわかるというわけだ。

交番の中でも、当然、昨夜の事件が話題になる。狭い交番の中で、事件の詳細を説明させられる。どんな風に触れられたのか、どんな気持ちだったのか。それは「普通の」職場であれば紛うことなきセクシュアル・ハラスメントなのだが、いかんせん、そこは警察だ。職業上必要な話題、上司からの指導という形で、わたしの痴漢被害を話題にすることが正当化される。そして、やはりここでも、触られ続けた、いや、触らせ続けていたわたしのことが問題になった。

たぶん、わたしは面白おかしく話したはずだ。係長が駅にいて、母親がいて父親もいて、みんなで追いかけて、もう、『おおきなかぶ』みたいでしたよー、とか言って、自分で茶化したりもしたと思う。そうでもしないと、一方的にジャッジされ、ポルノのように扱われるだけだったから。自分が語る主体になるには、おもしろおかしく語るしかないと思っていた。

職場の女性職員がわたしの痴漢「騒動」を話題にしていたと、男性の警察官がわざわざ伝えに来たこともあった。彼女たちは言っていたのだという。女なら誰だって痴漢の被害に遭っている、それでも誰にも言えなくて黙っている。痴漢を追いかけて一一〇番までしたとはなんと気の強い女だろう。この人は被害に遭ったことをおおっぴらにして、男性たちから同情を引こうとしている。痴漢被害に遭ったことを自慢しているんじゃないか。女として魅力があるとアピールしているんじゃないか。ここでは、声を上げたことが非難されているのだった。だが、これらは、男性からの伝聞にすぎない。彼女たちが本当にそう言っていたのかもわからない。

しばらく悩んだ末に、やはり事件にして欲しいと、担当警察署に連絡を入れた。すぐに、担当係に行くよう、上司から指示があった。今度はどんな質問があっても答えようと心に決めて向かったのだが、事件として扱うつもりはなく、そのことを納得させるために、呼び出されたということがわかった。自分は事件にならない事件を持ち込んで、「迷惑」をかけているのだと、自分が「事件」を起こしたのだと思うしかなかった。応対してくれた人の顔も名前も覚えていない。係員が淹れてくれたコーヒーの、そのカップにヒビが入っていたことは、鮮明に覚えている。

後に、加害者の男性から、担当係に手紙が来たという連絡があった。電話口で、その一部が読み上げられ、妻と手を取り合って泣いたと書かれているということだった。電話をしてきた警察官は、一番話したくないであろう妻に自分が痴漢をしたことを語るのはそうそうできないことだし、一緒に泣いたというほど、反省しているのだから、許してあげなさい、というようなことを言った。女が女に謝ることで、男の犯罪を男が許すというこの構図。いつも思う。性暴力は女の問題なのだろうか。

事件から半年ほど経った頃、ある男性警察官が遠慮がちに、わたしに尋ねてきたことがあった。「お嫁に行けなくなったわけじゃないよね？」無線でわたしの一一〇番通報が県下に流れた夜、それは恰好の男同士の話のネタになっていたというのだった。彼らの中でどんどん大きくなった話では、痴漢を追いかけたら、駐車場に隠れていた痴漢に強姦されたということになっていたらしい。どうしたらそんな話になるのだろう。どうしたらそんな話を本人にできるのだろう。「お嫁に行けなくなった」とは一体何を意味するのだろう。

何年経っても、わたしのことを痴漢を捕まえた婦警さんと呼ぶ人がいた。その言い方が、痴漢被害者へのまなざしを象徴していると思った。誰もわたしを、被害に遭った人としては見ていないのだ。そうやって、痴漢被害は見えなくされる。被害申告ができない人たちを見ないことによって。落ち度や被害者資格をあげつらって被害申告を受理しないことによって。被害申告をした女性を痴漢を捕まえた女性に「格上げ」することによって。こうして、被害という事実はどこかへ追いやられ、茶化してネタにすることが許される。

＊

本書は、痴漢被害に遭っている人に撃退法を伝授するような、具体的な情報を提供するものではない。雑誌や新聞の記事を読み解くことが、現実の痴漢被害に悩んでいる人の役に立つのかと、いぶかしく思う人もいるかもしれない。けれど、何十年も前の雑誌記事から、なぜ自分がこんな目に遭うのかの解らしきものが見えてくることがある。過去を知ること、共有すること。性暴力をなくす議論のために、本書は書かれた。

遅筆の言い訳にはならないことは重々承知で、でも、あえて言うならば、痴漢についての言説を集め、読むことは、とても辛い「作業」だった。雑誌の世界では男女の住み分けがされており、女性であるわたしは、これまで、男性誌にどのようなことが書かれているのか知ることはなかった。本書を書く中でページをめくり、同時期に全く異なる世界があったことを知った。女性誌と男性誌では、扱われている内容が全く違う。痴漢を扱っていても、痴漢に遭わない方法を伝授する女性誌と、痴漢（とは、明記されていないまでも）が容易にできる路線やその方法を教える男性誌。痴漢がなくならないわけである。複写依頼自体がセクハラにあたるんじゃないかと思うような写真が満載のページのコピーの山を見るだけで気力が萎えた。

国会図書館に通い、女性誌をめくる中で、その誌面を昔読んでいた自分を思い出すこともあった。痴漢や今で言うセクハラの撃退法を集めた特集を、こんな風に対処していいんだ、こんな風に言ってやれたら、と、時には実践的な知恵として拝借し、時には自分の悔しい思いを投稿者に重ねて溜飲を下げていた。わたしは、誌面のそんな声に「救われた」。今でもそのいくつかを覚えている。女性学に出会って、自分の違和感はこうやって表せるんだと、目を見開かされる思いで本を読みあさっていたのもその頃だった。今思えば、いつだって、女性たちの声に支えられて生きてきたのだ。

この本を書くにあたって、直接間接にお世話になった方々に、この場を借りてお礼申し上げます。特に、本文中でも言及した、地下鉄御堂筋線事件を機に集まった「性暴力を許さない女の会」のみなさんに。当時の話を伺い、貴重な資料も見せていただく機会に恵まれて、その時代を知る者としては感謝という以外に言葉が見つからない。本書には、二〇一五年に、痴漢被害防止ポスターの問題を考えようと始めた「『痴漢撲滅系ポスター』調査プロジェクト」での議論が大いに反映されている。メンバーの皆さん、写真や意見を送って下さった方々にも、感謝を。

エトセトラブックスの松尾亜紀子さんには本当に（本当に、本当に……）お世話になった。彼女がいなければ、わたしはこうした「声」をあげることができなかったし、自分に「声」があることにすら気づかないままだった。

若い頃、わたし自身が、女性誌やそこに集う女性たちの声、女性学の言葉に救われたように。声を封じ込めようとする力や雑音の中から聞こえる、この世に生きる女性たちの声に耳を傾け、すくい上げ、届けようとして生まれたエトセトラブックスから、この本が出せることは望外の喜びである。あなたにどうかこの「声」が届きますように。

＊本研究は、ＪＳＰＳ科研費JP16K02033の助成を受けたものである。

# 参考文献


合田悦三「いわゆる迷惑防止条例について」小林充先生佐藤文哉先生古稀祝賀刑事裁判論集刊行会編『小林充先生　佐藤文哉先生　古稀祝賀刑事裁判論集　上巻』２００６　判例タイムズ社

青木恵子『ママは殺人犯じゃない　冤罪・東住吉事件』２０１７　インパクト出版会

阿川弘之「葭の髄から　１２０回　男性専用車」『文藝春秋』２００７．４

秋山賢三「分析・実践編／性犯罪　痴漢事件（迷惑防止条例ほか）」『季刊刑事弁護』２００３　36

秋山賢三「痴漢冤罪は、なぜ生まれる?」『部落解放』２００９　６１４

荒木伸怡「刑事訴訟運用上の問題」秋山賢三・荒木伸怡・庭山英雄・生駒巌・佐藤善博・今村核編『ＧＥＮＪＩＮ刑事弁護シリーズ10　続・痴漢冤罪の弁護』２００９　現代人文社

荒木伸怡「痴漢冤罪事件と刑事訴訟法の解釈・運用」秋山賢三・荒木伸怡・庭山英雄・生駒巌編『ＧＥＮＪＩＮ刑事弁護シリーズ２　痴漢冤罪の弁護』２００４　現代人文社

荒木伸怡「痴漢冤罪防止と捜査上の諸問題」『捜査研究』２００３．４　６１９

有馬頼義「痴漢論――痴漢は匿名批評家か――」『婦人公論』１９５８．８

粟田知穂「警察幹部のための刑事法擬律判断　第8回性犯罪」『警察学論集』２０１８　71（２）

粟野仁雄『「この人、痴漢!」と言われたら　冤罪はある日突然あなたを襲う』２００９　中央公論新社

池上正樹『痴漢「冤罪裁判」　男にバンザイ通勤させる気か!』２０００　小学館

池上正樹「相次ぐ痴漢裁判〝無罪判決〟の意味」『創』２０００．11

石川三郎「警視庁の『ぐれん隊防止条例』施行一カ月の結果」『捜査研究』１９６３　１３４

石橋英子監修『なぜ女は男をみると痴漢だと思うのか　なぜ男は女の不快感がわからないのか』２００３　ピーケイシー

井上薫『痴漢冤罪の恐怖「疑わしきは有罪」なのか?』２００８　ＮＨＫ出版

井上薫「司法は冤罪の温床か?『痴漢!』と叫ばれたら最後」『中央公論』２００９．８

岩井茂樹「『痴漢』の文化史――『痴漢』から『チカン』へ――」『日本研究』２０１４　49

内山絢子「性犯罪被害の実態（３）――性犯罪被害調査をもとにして――」『警察学論集』２０００　53（５）

Ｍ「ＴＨＥ　検察官　ＬＩＦＥ　痴漢事件報道に対して思うこと」『法学セミナー』２００３　５７８

大江舜「やめてくれ　痴漢ヒステリー」『新潮45』２０００．６

大阪府警察本部「大阪府めいわく防止条例及び解説」『捜査研究』１９６３　１３４

大阪府警察本部刑事部・防犯部「暴力的迷惑行為防止条例違反被疑事件捜査の手引」『捜査研究』１９６３　１３４

大阪府警察本部総務部情報管理課編『統計からみた大阪の事件・事故（平成2年）』1991
大阪府警察本部地域部鉄道警察隊『鉄警おおさか』1995　号外
大阪府警察本部防犯部「めいわく防止条例施行前と施行後における暴力的迷惑行為等の実態について」『捜査研究』1963　134
岡本京子「ミッション『都内全ての女性専用車両を制覇せよ』本誌女性編集者『電車女』奮闘記――化粧・爆睡・開脚座りの偽らざる実態」『現代』2005．9
小川賢一編著『警察官のための充実・犯罪事実記載例――特別法犯――〔新訂版〕』2011　立花書房
沖田光男『裁かれる者　沖田痴漢冤罪事件の10年』2010　かもがわ出版
小栗宏之「振り込め詐欺の現状と対策について」『警察学論集』2006　59（3）
小澤実『左手の証明　記者が追いかけた痴漢冤罪事件868日の真実』2007　ナナ・コーポレート・コミュニケーション
梶木壽・寺脇一峰・稲川龍也編著『新捜査書類全集第4巻　取調べ』2006　立花書房
加藤康榮「背景知識から読み解く刑事法の重要判例　第10講　犯行・被害の再現実況見分～迷惑防止条例（痴漢）違反等事件（最決平17．9．27刑集59．7．753）～」『月刊警察』2012　30（1）
神谷祐子「〝女性専用車両の問題〟をどう発展学習につなげるか」『社会科教育』2005　42（10）
嘉門優「強制わいせつと痴漢行為との区別について」『季刊刑事弁護』2018　93
榧野敏雄「ぐれん隊防止条例の立法状況　制定気運、全国的にみなぎる」『捜査研究』1963　134
岸政彦・北田暁大・筒井淳也・稲葉振一郎『社会学はどこから来てどこへ行くのか』2018　有斐閣
北村晴男／周防正行「満員電車は恐ろしい　痴漢冤罪は他人事か　映画『それでもボクはやってない』が描く、刑事裁判の底知れぬ『闇』」『現代』2007．3　41（3）
金蘭会『婦人警察官の手記』1947　中央社
「ぐれん隊防止条例施行後の繁華街の状況」『自警』1963　45（2）
警察庁保安局「『ぐれん隊防止条例』の発足と成果」『捜査研究』1963　134
警察実務研究会「クローズアップ実務　青年警察官の執行力向上を目指して　地域警察官のための軽微犯罪の措置要領　第18回　子どもと女性の安全を脅かす罪（その1）」『Keisatsu koron』2010　65（7）
警察実務研究会「クローズアップ実務　青年警察官の執行力向上を目指して　地域警察官のための軽微犯罪の措置要領　第19回　子どもと女性の安全を脅かす罪（その2）」『Keisatsu koron』2010　65（8）
警視庁防犯部防犯課「ぐれん隊防止条例の取締面からみた少年の問題」『青少年問題』1964　11（3）
小泉知樹『彼女は嘘をついている』2006　文藝春秋
郡山孫太郎「東京都ぐれん隊防止条例の立法事情と現在の状況」『捜査研究』1963　134

御殿場警察署生活安全課編「ある　ちかんの　ひとり言」２０１０　御殿場警察署
小松圭介「科学的証拠とケースセオリーで勝ち取った無罪判決」『季刊刑事弁護』２０１３　76
兒山真也「女性専用車両が抱える課題」『都市と公共交通』２００５　30
斉藤章佳『男が痴漢になる理由』２０１７　イースト・プレス
佐伯千仭「迷惑防止条例」『立命館法學』１９６４　53
坂田正史「迷惑防止条例の罰則に関する問題について」『判例タイムズ』２０１７．４　１４３３
坂田吉郎「刑事判例研究（４０４）被害者の後を付けねらい、その着衣に覆われた状態の臀部をねらって撮影した行為が、迷惑防止条例の『卑わいな言動』に該当するとされた事例（札幌高等裁判所平成19年9月25日判決、公刊物未登載）」『警察学論集』２００８　61（２）
里見繁『冤罪　女たちのたたかい』２０１９　インパクト出版会
Ｓａｔｏｋｉ・法律監修坂根真也『痴漢に間違われたらこうなります！』２０１４　自由国民社
佐野洋「事件の裏側に④スカート切りの男」『月刊カドカワ』１９８３．８
重久真毅「最近の迷惑防止条例の改正動向」『Ｖａｌｉａｎｔ』２００３　21（６）
篠田耕治「鉄道警察隊の被害者対策について」『警察時報』１９９８　53（７）
情報研究所編『悪のマニュアル』１９８７　データハウス
周防正行『それでもボクはやってない　日本の刑事裁判、まだまだ疑問あり！』２００７　幻冬舎
周防正行「現代法学部学術講演会　『それでもボクはやってない』と刑事裁判の実際」『現代法学』２０１２　22
杉本一敏「いわゆる迷惑防止条例における『卑わいな言動』の罪」『刑事法ジャーナル』２００９　15
鈴木健夫『痴漢犯人生産システム〜サラリーマン鈴木はいかに奮闘したか〜』２００１　太田出版
性暴力を許さない女の会『女が視た「地下鉄御堂筋線事件」』１９９０
性暴力を許さない女の会・セクシャルハラスメントと斗う労働組合ぱあぷる『痴漢のいない電車に乗りたい！　――ＳＴＯＰ痴漢アンケート報告集――』１９９５
男性行動研究会『50人の痴漢体験』１９９５　データハウス
田島浩治「鹿児島県における不安防止条例の制定とその効果　ストーカー被害の対策のために」『警察公論』２０００　55（４）
田中嘉寿子『性犯罪・児童虐待捜査ハンドブック』２０１４　立花書房
段林和江「性被害と被害者側代理人からみる問題点――痴漢被害を中心に」『季刊刑事弁護』２００３　35
地域実務研究会編著『［新版］地域警察官のための一件書類作成の手引き［補訂］』２００８　立花書房
痴漢えん罪被害者ネットワーク編『ＳＴＯＰ！　痴漢えん罪』２００２　現代人文社
痴漢防止に係る研究会『電車内の痴漢撲滅に向けた取組みに関する報告書』２０１１　警察庁

千葉展正「男女平等バカ　ジェンダー冤罪の構図　男を全員痴漢扱い　日本の恥『女性専用車両』はフェミニストが仕掛けた罠か!?」『別冊宝島ｒｅａｌ』２００６．１
千葉展正「特集　こんなものはいらない　女性専用車両のまやかし」『正論』２００６．５　４１０
通勤電車環境向上委員会編『女たちよ、女性専用車両に乗れ！』２００９　小学館
通勤電車環境向上委員会「女たちよ女性専用車両に乗って下さい！」『Ｓａｐｉｏ』２００９．４．22
筒井康隆「懲戒の部屋」『小説現代』１９６８．６
角田由紀子『性差別と暴力　続・性の法律学』２００１　有斐閣
遠山日出也「中国の公共交通機関における性暴力反対運動と女性専用車両――香港・台湾・日本との初歩的比較も――」『女性学年報』２０１８　39
渡會幸治「電車内における痴漢事犯への対応について」『Ｋｅｉｓａｔｓｕ　ｊｉｈｏ』２００９　64（11）
長崎事件弁護団編『ＧＥＮＪＩＮブックレット22　なぜ痴漢えん罪は起こるのか　検証・長崎事件』２００１　現代人文社
永嶋猛「鉄道警察隊の被害者対策」『警察時報』２００２　57（7）
仲道祐樹「特別刑法判例研究17　隣接する地方公共団体にまたがる迷惑防止条例違反の罪の罪数関係」『法律時報』２００８　80（8）
名倉俊一「ある痴漢事件の捜査について」大谷晃大監修『実例から学ぶ犯罪捜査のポイント』２０１１　東京法令出版
名倉正博「逆転無罪手記　『痴漢逮捕』の汚名を着せられて　身に覚えのない罪で実刑判決。私は闘おうと決意した」『文藝春秋』２００９．６
那須修「電車内の痴漢事案に係る判例の動向と捜査のポイント」『警察学論集』２０１２　65（1）
夏木栄司『でっちあげ　痴漢冤罪の発生メカニズム』２０００　角川書店
庭山英雄「あとがきに代えて」秋山賢三・荒木伸怡・庭山英雄・生駒巌編『ＧＥＮＪＩＮ刑事弁護シリーズ2　痴漢冤罪の弁護』２００４　現代人文社
乗本正名「公衆に著しく迷惑をかける暴力的不良行為等の防止に関する条例の制定について（1）」『警察研究』１９６２　33（11）
乗本正名「公衆に著しく迷惑をかける暴力的不良行為等の防止に関する条例の制定について（2）」『警察研究』１９６２　33（12）
乗本正名・石川三郎・原田達夫『公衆に著しく迷惑をかける暴力的不良行為等の防止に関する条例解説』１９６２　立花書房
浜田寿美男「痴漢事件の供述をどのように読むべきか――心理学から見たいくつかの論点」秋山賢三・荒木伸怡・庭山英雄・生駒巌・佐藤善博・今村核編『ＧＥＮＪＩＮ刑事弁護シリーズ10　続・痴漢冤罪の弁護』２００９　現代人文社
浜松中央警察署・浜松中央地区防犯協会連合会編『防犯指導の手引』１９８２　浜松中央警察署
原田達雄「ぐれん隊防止条例・迷惑防止条例質疑応答」『捜査研究』１９６３　１３４
ひさうちみちお『正しいお痴漢本』１９９５　サンマーク出版

平岡妙子「女性専用車両は『私の部屋』ごこち　逆差別か、痴漢防止の苦肉の策か」『アエラ』2005.5.23
ファレル、ワレン　久米泰介訳『男性権力の神話《男性差別》の可視化と撤廃のための学問』2014　作品社
藤田久美子「なぜ痴漢はなくならないのか――痴漢を許容する社会メカニズム徹底解剖――」2003　おうてもんジェンダーフリースタイル発信所
藤永幸治編集代表『シリーズ捜査実務全書9　風俗・性犯罪』東京法令出版　2007
深笛義也「ニッポン主義者同盟　遊郭派　『痴漢』を取り巻く社会と文化を探る　『文化』として見た痴漢」『紙の爆弾』2009.3
渕真吉『婦警さん』1970　霞が関出版会
星野春彦「女性専用車両を廃止せよ~痴漢対策は真っ赤な嘘~（前編）」『歴史と教育』2007　112
星野春彦「女性専用車両を廃止せよ~風呂やトイレじゃあるまいし~（中編）」『歴史と教育』2007　113
星野春彦「女性専用車両を廃止せよ~フェミ・ファシズムの足音~（後編）」『歴史と教育』2007　114
堀井光俊『女性専用車両の社会学』2009　秀明出版会
牧瀬稔「条例から捉える社会安全政策の現状（第3回）~「迷惑防止条例」の意義と現状」『捜査研究』2010　704
牧野雅子『刑事司法とジェンダー』2013　インパクト出版会
松尾陽「女性専用車両は男性差別か」瀧川裕英編『問いかける法哲学』2016　法律文化社
三谷竜彦「いわゆる男性差別の問題について（1）――女性専用車両の是非を考える――」『名古屋大学哲学論集』2015　12
宮田正之編著『供述調書記載例集』2010　立花書房
茂木善樹「いわゆる混雑電車内の痴漢事件と警察捜査のあり方について」『警察学論集』2018　71（2）
森山英一・井内顕策・水野美鈴・山上秀明・中村孝『供述調書作成の実務　特別法犯1――改訂版――』2005　近代警察社
諸井薫「飛耳長目録　痴漢跋扈の時代」『ビジネス・インテリジェンス』2000.6
八塩弘二「弁護始末記　中学生が痴漢の疑いをかけられた」『時の法令』2002　1676
矢田部孝司・矢田部あつ子『お父さんはやってない』2006　太田出版
山川菊栄「資本主義の社会と性的犯罪」『女性』1928　13（2）
山口瞳『私流頑固主義』1976　祥伝社（1979　集英社文庫）
山本さむ『痴漢日記』1994　KKベストブック
渡辺裕也「最新・判例解説――第33回――公衆に著しく迷惑をかける暴力的不良行為等の防止に関する条例（鳥取県）3条1項3号の「卑わいな言動」について、その判断は通常一般人の立場から行うことを示した上で、女性のスカート下に「スマートフォン様のもの」を差し入れた行為が「卑わいな言動」に該当すると判示した事例　広島高等裁判所松江支部判決　平成28.2.26（広島高等裁判所刑事判例速報平成28年2号、上告棄却・確定）」『捜査研究』2016　790

Beller, A., Garelik, S and Cooper, S., 1980. "Sex crimes in the subway." *Criminology* 18 (1)
Chui, W. H., Ong R., 2008. "Indecent assault on the public transport in Hong Kong." *International Journal of Law, Crime and Justice* 36 (1)

**牧野雅子**（まきの・まさこ）

一九六七年、富山県生まれ。龍谷大学犯罪学研究センター博士研究員。警察官として勤めたのち、京都大学大学院人間・環境学研究科博士後期課程研究指導認定退学。博士（人間・環境学）。専門は、社会学、ジェンダー研究。著書に、『刑事司法とジェンダー』（インパクト出版会）、『生と死のケアを考える』（共著、法藏館）がある。

**痴漢とはなにか**
**被害と冤罪をめぐる社会学**

2019年11月5日　初版発行
2020年6月30日　2刷発行

著者　牧野雅子
発行者　松尾亜紀子
発行所　株式会社エトセトラブックス
151-0053　東京都渋谷区代々木1-38-8-47
TEL　03-6300-0884
FAX　03-6300-0885
https://etcbooks.co.jp/
装幀　福岡南央子（woolen）
本文設計　川名潤
DTP　有限会社アロンデザイン
校正　株式会社円水社
印刷・製本　モリモト印刷株式会社
Printed in Japan
ISBN 978-4-909910-01-1